朴篱丙 隨筆集

회계의 여자

초판 인쇄 2013년 10월 30일
초판 발행 2013년 10월 30일

저　　자 ｜ 박주병
펴　낸　이 ｜ 하운근
펴　낸　곳 ｜ 學古房
표　　지 ｜ 김지학
편　　집 ｜ 박은주, 조연순

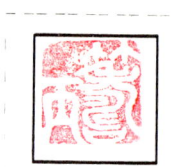

주　　소 ｜ 서울시 은평구 대조동 213-5 우편번호 122-843
전　　화 ｜ (02)353-9907　편집부(02)353-9908
팩　　스 ｜ (02)386-8308
홈페이지 ｜ http://hankgobang.co.kr
전자우편 ｜ hankgobang@naver.com,　hankgobang@chol.com
등록번호 ｜ 제311 - 1994 - 000001호

ISBN　　978-89-6071-342-0　　03800

정가 : 14,000원

이 도서의 국립중앙도서관 출판시도서목록(CIP)은 서지정보유통지원시스템 홈페이지 (http://seoji.nl.go.kr)와 국가자료공동목록시스템(http://www.nl.go.kr/kolisnet)에서 이용하실 수 있습니다.(CIP제어번호: CIP2013022058)

* 인지가 붙지 않았거나 파본은 교환해 드립니다.

朴籌丙 隨筆集

희재의 여적

박주병 지음

學古房

머리말

　2008년에 출간한 세 번째 수필집 『겁탈』 이후에 쓴 글들 가운데 다산 정약용 선생에 관한 글을 『다산의 여자』란 제명으로 묶고, 그 나머지를 묶은 것이 이 책이다.
　이미 다른 수필집에 실었던 것을 고쳐 쓴 글도 서너 편인가 섞여 있다. 내가 글을 지상에 발표한 것은 1970년부터이니 43년이 된 셈이다. 무슨 바람이 불었던지 1986년에 다시 추천 과정을 거쳤거니와 그때로부터 친다 해도 어언 27년이다. 그런데도 글을 쓰기가 왜 이리도 어렵게만 느껴지는지 모르겠다. 나는 처음부터 글쓰기를 한낱 여기로 즐겼기 때문인지도 모른다.
　요즘 들어 나는, 나의 글이 세상에 어떤 기여를 할 수 있을 것인가를 생각할 때가 많다. 여태까지 이렇다 할 회심작 한 편 없이 백발이 되어 버렸기 때문에 더 그런 것 같다. 하지만 내 쭈그렁 껍데기 속에는 나의 동업자 같은 소년 하나가 늘 들어앉아 있다.

"노인은 사자 꿈을 꾸고 있었다. ── The old man was dreaming about the lions."

소년은, 『노인과 바다』 맨 끄트머리의 이 말을 염불하듯 한다.

나는 이 소년한테 만날 속고 산다.

2013년 가을

一丼 씀

contents

머리말 _ 4

제1편

퇴계의 여자 _ 11 / 매화 _ 16 / 매화부(梅花賦) _ 20 / 소멸론(消滅論) _ 25
/ 여향(餘香) _ 32 / 꽃 떨어져도 봄은 그대로 _ 38

제2편

뚝섬 _ 43 / 뚝섬의 애가(哀歌) _ 48 / 까치밥 _ 52 / 구령(口令) _ 58
/ 장재(張載)는 답을 하라 _ 61 / 촛불과 맞불 _ 65 / 예외자의 함의(含意) _ 69

제3편

두 책 _ 75 / 피아노 선생님께 _ 80 / 파도는 여태도 슬피 운다 _ 82
/ 낙화암(落花巖)에서 _ 86 / 벤치를 지킨 선수 _ 89 / 이별 _ 94 / 화차(火車) _ 97
/ 꽃뱀일까 _ 101 / 우수 _ 105 / 바람이 많이 불던 날 _ 107

제4편

만고심(萬古心) _ 115 / 치매 _ 120 / 상좌시(床座施) _ 125 / 수련(睡蓮) _ 128 / 탈출구(脫出口) _ 133 / 한 풀이 향기로우면 _ 139

제5편

나무꾼한테 길을 묻다 _ 145 / 할아버지의 담뱃대 _ 151 / 야국(野菊) _ 154 / 국화(菊花) _ 157 / 폐허 _ 159 / 별똥별 _ 163 / 병학(病鶴) _ 169 / 박꽃 _ 183 / 감사의 글 _ 184

제6편

9번의 저주 _ 189 / 데카르트와 혜능의 수난 _ 194 / 안다는 것은 뭔가 _ 202 / 백비(白賁) _ 207 / 솔연(窣然) _ 209 / 매는 조는 듯이 바위 위에 앉아 있고 _ 212 / 꼴값 _ 221 / 신발을 신겨 주겠다 _ 225 / 무언처(無言處) _ 227

제1편

퇴계의 여자
매화
매화부(梅花賦)
소멸론(消滅論)
여향(餘香)
꽃 떨어져도 봄은 그대로

퇴계의 여자

퇴계 선생은 마흔여덟 살이 된 명종 3년(戊申, 1548) 음력 정월에 경직에서 외직을 자청하여 단양 군수로 가게 되었다. 이때 단양에는 두향(杜香)이라는 열여덟 살 어린 관기가 있었는데 청초한 자색에 거문고며 시며 서화에도 능하고 특히 매화와 난초를 사랑했다고 한다.

 그녀는 매화처럼 고고한 퇴계의 인품과 도저한 학문을 흠모하여 수청 기생을 자청하였고, 퇴계는 두향의 재색을 미쁘게 보았다. 이때 퇴계는 독신이었다. 스물일곱 살 때 부인과 사별했고, 재취한 둘째 부인마저 단양 군수로 오기 이태 전에 세상을 떴다. 화불단행(禍不單行)이라더니, 단양에 온 지 두 달째인 음력 이월에 스물두 살인 둘째 아들이 죽었다는 기별을 고향 집으로부터 받았다. 부인과도 사별하고 아들마저 잃어버린, 이 외로운 초로의 군수에 대해 당시로서는 여자라면 한 번쯤 연모의 정을 가져 볼만도 했겠다.

두향이 그러했다. 차차 은혜하는 마음이 깊어 갔다. 퇴계한테 몇 번이나 선물을 바쳐 애틋한 마음을 전하려 했지만 번번이 거절당하자 두향은 끼니를 거르고 잠을 설치다가 궁리 끝에 퇴계가 뭘 좋아하는지를 아전한테 물었다. 매화를 혹애한다(我生多癖酷好梅)는 사실을 알아내고서는 그 동안 푼푼이 모은 돈을 털어서 팔로(八路)에 사람을 풀어 좋은 매화를 구했다. 매화를 구한 그 돈이 어떤 돈이란 걸 퇴계가 왜 몰랐겠는가? 그러한 나무마저 차마 야박스레 물리칠 수 없었던 퇴계는, 그 매화를 동헌 앞에 심고 말았다. 늘 가까이서 손발이 되어 수청 드는 어린 여자가 가련하게도, 타오르는 정념에 몸을 사르는데도 그 불길에 휩싸이지 말아야 퇴계인가?

퇴계는 이때 공사간에 근심이 많았다. 그는 스무 살 때 침식을 잊고 『주역』 공부에 몰두하다가 일종의 소화불량증인 '몸이 파리하고 곤한 병'(羸悴之疾)을 얻은 후로는 늘 병치레를 하느라 빤한 날이 없었는데, 이때 작금에 겹친 가족의 불행으로 해서 심기가 한층 우울해진 데다가 군수로 부임하자 단양 고을에 기근마저 들어 곤란하고 급박한 상황이 되었다. 그 당시에 그가 스스로 토로하기를, "황정(荒政)을 펴는 일밖에는 늘 근심으로 마음이 답답하여 문을 닫고 세월을 보낸다."(荒政之外恒怊怊然閉戶度日)라고 했다. 그러나 그런 가운데도 단양의 빼어난 산수에 매료되었다. "굶주린 백성을 구휼하는 일로 때로 개울과 산 사이를 왕래하다가 기승(奇勝)한 곳을 보게 되었다."(顧以振救饑民之時出入往來溪山間因得窺其勝)라고 했다. 구담(龜潭), 도담(島潭), 불암(佛巖), 이락루(二樂樓), 화탄(花灘) 등이 부임한 그 해 음력 유월에 그가 지은 「단양산수 놀 만한 곳의 기록」(丹陽山水可遊者續記)이라는 글에 나온다. '단양팔경'은 이때에 정한 것이라 한다.

  답답한 마음 둘 데 없던 퇴계가, 굶주린 백성을 연민하며 시름을 달래며 청계(淸溪)와 백석(白石) 사이를 병든 학처럼 넘나들 적에 그의 곁에는 청순가련한 어린 기녀 두향이 부축하고 따랐지만, 꽃피자 바람이 그르칠 걸 퇴계도 두향도 미처 근심이나 하였으랴!

  퇴계가 단양군수로 온 그 해 음력 시월에 그의 넷째 형 대헌공(大憲公, 名: 瀣)이 충청 감사로 부임했다. 단양이 그 관할구역 안에 있으므로 이른바 상피(相避)에 해당되는지라, 퇴계는 떠나길 자청해서 풍기 군수로 가게 되었다. 퇴계를 만난 지 겨우 아홉 달 만에 두향은 퇴계를 눈물로 보내야 했다. 이때 퇴계는 동헌 앞에 심어 놓았던 두향이 준 매화나무를 옮겨다가 고향땅 도산에 심었다. 퇴계로서는 그 매화나무를 나무로만 대할 수는 없었을 터이다.

퇴계가 떠난 뒤 두향은 어렵게 주선하여 가까스로 기적(妓籍)에서 벗어날 수가 있었다. 퇴계와 자주 거닐던 강선대 아래에 초옥을 짓고 수절의 세월이 흘러 22년, 선조 3년(庚午, 1570)에 퇴계가 세상을 떠난 뒤에도 퇴계만을 추모하며 퇴계를 만났던 단양 땅을 떠나지 않고 거기서 살다가 거기서 생을 마쳤다. 퇴계와의 애틋한 추억이 서린 곳일까, 그녀의 유언에 따라 강가의 '거북바위'(龜岩) 곁에 묻어 주었다. 세월이 흘러 사백 년쯤 뒤 충주댐이 건설될 때 퇴계의 15세손인 이동준(李東俊)의 주선으로 1985년에 지금의 신단양 제미봉 산기슭으로 이장되었다고 한다.

한편 두향이 선물한 매화는 도산서원에서 한시절 고결한 청분(淸芬)을 거느리다가 오래 전에 죽고 말았다. 세상에서는 이 매화를 '도산매'라 하지만 나는 '두향매'라 한다. 다행이 그 자목(子木)이 서원의 광명실(光名室) 서고 앞에서 음력 2월 중순이면 꽃을 피웠는데, 아주 작은 순백의 홑꽃이었고 향기가 무척 맑은 것이 이 매화의 특징이었다고 한다. 이 자목마저 1996년에 고사했다. 그 후 다시 두향매의 손자 격인 다른 자목을 도산서원 옆 뜰에 심었으나 이 또한 몇 해만에 죽고 말았다. 도산서원에, 옛날의 그 두향매는 애석하게도 혈통이 끊어진 셈이다. 공교하게도 언젠가 도산면의 이윤항이란 사람이 산에 있는 개살구나무의 대목(臺木)에 두향매의 자목을 접목하여 분재를 만들었는데 이걸 안동시에 사는 이영철이란 사람이 갖고 있다고 한다. 수세도 강건하고 해마다 양력 11월 말을 전후해서 순백의 꽃을 피운다고 한다. 뿌리는 탐탁하지 않지만 그것이나마 도산서원에 심었으면 좋겠다.

두향과 퇴계의 관계가 설령 사실이 아니라 한갓 고로상전(古老相傳)의 야화에 지나지 않는다 하더라도, 이 이야기가 사백여 년이 지난 이 시대에 와서도 사람의 마음을 흔드는 까닭이 뭘까? 지금도 단양문화원에서는 해마다 5월이면 두향제를 열고 퇴계의 후손이 묘사를 지낸다고 한다.

꽃보다 더 아름다운 낙화가 있는 줄을 알게 한다.

매화

우리집 근방에서 들떼놓고 '부잣집'이라고 하면 우리집 옆집을 두고 하는 말인 줄을 조무래기들도 다 안다.

집도 집이지만 등이 굽은 소나무, 링거주사 병을 수두룩이 달고 있는 수령이 백 년도 넘었다는 모과나무, 본래 제자리인 양 천연덕스럽게 앉아 있는 그러나 지조를 굽힌 기암괴석, 오종종한 감들이 쪽빛 하늘을 이고 얼굴을 붉히는 고비늙은 감나무, 그 가지에 앉아 연방 꽁지를 치키며 깍깍거리는 까치, 산죽에 가려진 바위 밑에서 졸고 있는 고양이, 이것만 해도 부잣집이라는 택호가 붙을 만하지만 부잣집인 까닭은 그 밖에도 많이 있다.

난숙한 삼십대 여인들의 농염한 자태가 어우러졌다고 할까. 금잔화.

은대화·파초·벽오동·만향·부용·살구꽃·복사꽃·오얏꽃·동백꽃·라일락, 그리고 담 너머로 남의 집 안뜰을 훔쳐보는 해바라기……. 이름 모를 온갖 꽃들이 한철을 다투다가 그대로 눌러 앉아 한 세상 영화를 누린다. 이런 꽃들과 같이하기가 부끄러웠는지 보이지 않는 꽃이 한 가지 있다.

대원군의 주위에 조면호(趙冕鎬)라는 지조 높은 선비가 있었는데, 매화를 혹애했다고 한다. 하지만 집안이 매우 구차하여 월동에 필요한 매실(梅室)이 따로 없었던 모양이다. "安得梅花不凍乎 어떻게 매화를 얼지 않게 할까. 今年又見梅花凍 올해도 매화가 어는 걸 또 보겠구나!"라는 그의 시가 대원군의 눈에 띄게 되었다. 대원군이 이 사람을 돕고 싶은 생각이 들었으나, 이 사람의 결기 있는 성미를 전일에 겪어 봐서 익히 아는 터이라 섣불리 돈을 보냈다간 물리칠 게 번해서, 궁리 끝에 '호매전(護梅錢)이란 명목으로 삼천 냥을 주었다고 한다.

호매전 이야기를 옆집 주인에게 한 번 해볼까 하다가 말았다. 그 집 정원에 동방제일지(東方第一枝)라는 매화가 빠진 건 마치 첫 획을 빠뜨린 명필 같이 느껴졌기에, 필순(筆順)은 이미 틀려 버렸으나 늦게나마 그 첫 획을 긋듯 매화 한 가지를 더하면 작히나 좋을까 싶어서 호매전을 아느냐고 에둘러 말하려 했던 거였다. 하지만, 담장에 바짝 붙어 있는 이 집 측백나무가 남의 집의 하나뿐인 숨구멍 같은 창문을 사철 틀어막다시피 하는데도 본체만체하는 걸 보면, 청빈한 선비에게 아무런 바라는 것도 없이 큰돈을 희사한 통 큰 얘기를 해봤댔자 쇠귀에 경 읽기가 될 것 같아 그만뒀던 거다.

또 매화 시의 절창이라는, "疎影橫斜水淸淺 성긴 그림자 가로 비끼는 물 맑고 옅은데, 暗香浮動月黃昏 어둠 속 향기 떠돌고 달은 아슴푸레하다."(「山園小梅」抄)라는 임포(林逋)의 시를 아느냐고 물으려다 그것도 그만 뒀다. 무심결에 임포의 신변에 관한 얘기가 툭 튀어나오면 어쩌나 싶었기 때문이다.

임포는 부패한 정치가 싫어 처음부터 환로(宦路)에 뜻을 두지 않았을 뿐만 아니라 종신불취(終身不娶)로 생을 마친 사람이었다. 항저우(杭州)의 서호(西湖) 가운데 있는 고산(孤山)에 오두막을 짓고 이십여 년간 성시(城市)에 나가지 않았는데 집 주변에 360여 그루의 매화나무를 심어 놓고 매화에 붙어살다시피 했다. 가솔이라고는 고작 신변에 백학과 사슴 한 마리를 두었을 뿐인데, 손님이 오면 학이 공중에서 울어 누가 온 줄을 알고 사슴의 목에 술병을 걸어 술을 사러 보내기도 했다. 이 고고한 기인을 가리커 당시의 사람들은 이르길, "매화를 아내로, 학을 아들로, 사슴을 가솔로 삼았다."(梅妻鶴子鹿家人)라고 했다. 이런 얘기가 부인이 하나뿐이 아니라는 소문이 파다한 옆집 주인 앞에서 툭 튀어나오기라도 한다면 민망한 노릇이 아니겠는가.

석숭(石崇)이나 도주(陶朱) 같은 부호도 부럽지 않을 옆집. 담 하나를 사이에 둔 그 천자만홍이 다투어 교성이 자지러지건만, 해바라기 따위가 도도히 넘어다보건만 홀로 무심한 우리집 매화. 그 침묵은 누구를 위함인가?

무슨 인연인지 첫눈에 마음이 흔들려 제수(祭需)를 사듯 달라는 대로 얼른 값을 치르고 어린 매화 네 그루를 집 안에 들였다. 옛날 얘기다.

매화를 들이면서 집 안은 한바탕 소동이 일었다. 대나무가 밀려난 거다. 달빛이 비끼는 창문 가득히 어리비치는 대나무 그림자에 시름을 달래고는 했었는데, 대나무를 거의 캐내고 그 자리에 매화나무를 심기는 심었지만 창이 텅 빈 듯 엷어진 댓잎 그림자를 멀거니 바라보고, 그런 밤을 보내기를 몇 해를 그랬을까?

드디어 매화나무가 하늘을 얻었다. 남은 대나무는 파수꾼을 자처한다. 대나무의 곧은 줄기와 어우러진 매화나무의 착잡한 모습이 여위기는 대나무와 서로 닮았다. 무슨 근심에 그리도 여위었나? 뒤틀린 밑동이며 몸통은 풍상을 말해 주고 성기고 거친 가지에는 인고의 세월이 흘렀다. 툭 부러진 줄기에서 높이 벋은 새 가지는 달이라도 딸 참인가.

  가만가만 달빛을 밟으며 벌레 소리를 듣다가 벌레마저 문득 목이 잠기면 가을은 벌써 깊을 대로 깊어졌고 천지가 닫힌 듯 적막해진다. 적막도 한때. 참새가 떨고 있는 매화나무 가지에서 작은 소요가 천지의 침묵을 깬다. 낙목한천에 누구와 언약했나. 가지마다 도도록이 볼가진 꽃망울을 만난다. 정염이 불타올라 뾰루지가 났나 보다. 고 섬섬한 어린 여자 같은 것이 추위와 줄다리기하다니 내가 누구 편이겠는가, 은근히 줄을 당겨도 이리도 내게 무심한 것은 누구를 위함인가. 몸은 낙탁한 백훼(百卉) 사이에 머물러도 뜻은 높아 별이 되었나.

  뜻이야 홍매도 높지만 백매가 더 높고 천엽도 청초하지만 단엽에 미치랴! 단엽인 흰 매화. 그 꽃이 입춘 무렵이면 눈이 펄펄 날리는 한데인데도 핀다. 첫 봉오리가 부리를 반쯤 벌리면 여자의 속살을 보게 된 듯 정신이 아뜩하고 활짝 벌리면 나는 그만 헉, 하고 숨이 막힌다. 눈을 감는다. 길래 신음한다. 누가 간밤에 내 집 문을 두들겼던가? 은하수에 떠 있던 하얀 별 하나가 내 집 창가에 떨어졌구나!

하얀 별. 이 천하의 우물(尤物)한테 한낱 범용한 늙은이가 마음을 두다니, 길이 헛되이 탄식할 것을……. 공연히 매화 곁에서 왔다갔다한다. 밤잠을 설친다.

선잠을 깨고 보니 천지개벽이다. 만개한 흰 매화에 흰 눈이 수북이 쌓였다. 누가 고절(苦節)을 쉬이 입에 담는가. 눈얼음에 이아침을 당하고서야 매화는 도리어 보다 짙은 청향을 토한다네.

청향이 한껏 표일해지는 한낮에 만발한 매화꽃 그늘 아래 들어가 본 사람은 안다. 깊은 산속에서 울려오는 범종의 여음 같은 그 음향이 문득 사람을 외롭게 한다. 은혜하는 사람을 태우고 먼 하늘가로 떠나가는 비행기 소리가 이처럼 가슴 아플까. 꽃마다 벌, 벌, 벌, 벌. 무수히 들꾄다. 들렌다. 벌들의 훤화(喧譁)에 탈려 꽃가지가 울리는가, 우는가.

벌한테서 들었는지, 도를 통했는지, 매화꽃에서 "하늘(천지)의 마음을 본다."고 한 사람들이 있었다. 정도전(鄭道傳) 이숭인(李崇仁) 강회백(姜淮伯) 서거정(徐居正) 장현광(張顯光) 이인행(李仁行) 등이다. 우습게도 이 말은, "돌이킴에서 아마도 하늘땅의 마음을 볼진저!"(復其見天地之心乎)라는 『주역』의 말을 업어다 놓은 것에 지나지 않는다.

돌이키다니, 그 까닭이 뭔가. 헤겔의 말마따나 만물은 그 자체 내에 부정(否定)을 함유하고 있기 때문인가. 왜 부정을 함유하는가. '저절로 그렇다'고 할 수밖에 나는 그런 것에 대해 아는 것이 별로 없다.

"돌이킴에서 아마도 하늘땅의 마음을 볼진저!"라는 말에서 돌이키는 것은, 우선은 동지의 해를 두고 한 말이다.

동지를 천근(天根), 동지의 해를 일양(一陽)이라 일컫는 것은 그럴듯하거니와 일양은, 일양이라는 그 이름만큼 고독하다. 두드러지지도 않다. 소옹(邵雍)은 「동지음」(冬至吟)이란 시에서 이 일양을 무술(玄酒)에 견주기도 하고 노자의 이른바 대음(大音:大音希聲)에 비유하기도 했다. 무술이라니! 그 맑은 찬물에 어찌 취해, 장차 천하 만물이 고동친단 말인가. 대음이라니! 들어도 듣지 못하는 그 소리에 어찌 놀라, 장차 만호천문(萬戶千門)이 차례차례 열린단 말인가. 끝없이 되풀이하여 고동치고 끝없이 되풀이하여 열린다. 나고 또 난다. 이것을 '하늘땅의 마음'이라 한 것 같다.

하늘땅의 마음을 매화꽃에서 본다고 큰소리친 사람들은, 일양의 기운을 맨 먼저 받아 피는 꽃이 매화라고 생각했겠지. 맨 먼저 피는 꽃일 따름인가. 냉염(冷艶)과 관능(官能)이 한 가지에 핀 꽃. 지유(至柔)와 지강(至剛), 지미(至微)와 지창(至彰)을 한 송이가 머금었다. 화용(花容)은 가인(佳人)을 울리고 화품(花品)은 한사(寒士)를 부끄럽게 한다. 조화옹(造化翁)께서 시기하실라.

시기할 자 조화옹뿐이겠나. 자칫 땔나무꾼한테서라도 해코지당할까 싶어 태탕(駘蕩)한 춘풍에 앞서 눈 날리는 내 집 담 밑으로 비켜섰거들랑, 혹시나 시들마른 이 가슴에 이름 모를 아픔 같은 거라도 남길까 봐 황황히 떠난다고는 하지 마라. 가지에 가득한 저 꽃이 바람에 날리면 그리움이 되겠지.

지레 두근거리는 가슴 들킨 듯 무안터니, 무어라 가지마다 낙화이더냐. 뒷날의 기약일랑 묻지를 마라. 돌이키는 것이 하늘땅의 마음이라지만 명년 이때 피는 꽃이 오늘의 낙화에 대해 무슨 의미가 있는가?

초록 바탕 위에 흰색 무늬를 수놓은 듯 흰 매화를 받들어 이녁은 한갓 푸른 배경이요, 객경(客景)이요, 파수꾼이라던 대나무도 오늘따라 빛을 잃었다. 아슴푸레한 달빛 아래 그윽하던 그 암향이, 갸웃이 웃던 모호한 그 미소가 이리도 쉬이 이별이라니! 더없이 고고한 한 사나이의 뜨거운 눈물처럼, 그렇게 꽃잎이 떨어져 내린다.

낙화는 잔에 지고 여향(餘香)은 내 가슴에 진다. 꽃 아래 나 홀로 잔을 비우다가 바람에 뜨는 꽃잎에 시름만 더하였네. 취한 눈 길게 뜨니 남산이 제물에 무너져 내린다.

소멸론 消滅論

서양철학이든 동양철학이든 철학을 한다는 사람 치고, 아니 공부깨나 했다는 사람 치고 『주역』을 들먹이지 않는 사람은 거의 없다.

누가 내게 『주역』이 뭔지를 한 글자로 말해 보라고 한다면 나는 '象'(상)이라 할 것이다. 象이 뭐냐고 묻는다면 '像'(상) 곧 본뜨는 것이라 할 것이다. 무엇을 본뜨는가? 세계(우주)를 본뜬다. 누가 내게 『주역』이 뭔지를 두 글자로 말해 보라 한다면 '변화'라 할 것이다. 변화란 돌이킴이다. 여기서는 『주역』은 변화란 것에 대해서만 다루기로 한다.

『주역』에서 변화를 가장 극명하게 표현한 문장이 "돌이킴(復)에서 아마도 하늘땅의 마음을 볼진저!"(復其見天地之心乎)라는 복괘(復卦)의 단전(彖傳)이다.

이 말을 들으면 니체의 '영원회귀'(영겁회귀)(永遠回歸, die ewige Wiederkunft)의 사상을 연상하게 되는 사람이 더러 있을 것이다.

니체는 인간의 생(生)을 생 그 자체로부터 파악하려 했다. 생을 초월하는 어떠한 가정도 인정하려 하지 않는다. 생에서 생의 근원을 찾고 생에서 생의 목적을 찾는다고 할까. 이른바 생철학이다.

『주역』에서 돌이킨다고 함은 생생(生生), 곧 나고 또 나는 끝없이 이어지는 생을 뜻한다. 그것을 하늘땅의 마음이라고 했듯이 생이 『주역』의 전부라 해도 지나친 말이 아니다. 『주역』 또한 생에서 생의 근원을 찾고 생에서 생의 목적을 찾는다고 하리라. 그런 관점에서 『주역』과 니체의 생철학은 서로 닮았다.

니체는 서양의 탁월한 불교 철학자라고나 할 쇼펜하우어에 심취해 있었지만, 처음에는 생의 비합리성을 인정하던 쇼펜하우어가 나중에는 생으로부터 해탈을 구함으로써 생에 대해 부정적 태도를 취하게 되자, 니체는 쇼펜하우어의 이 염세적 태도에 반대하여 비합리적인 생 그 자체를 어디까지나 있는 그대로 긍정하는 태도를 취하게 되었던 것이다.

이와 같이 니체는 비합리적인 생을 더없이 고귀한 것으로 본다. 고귀한 생이 그 동안 온갖 초월적 이념에 의하여 짓밟혀 온 까닭을 플라톤과

기독교에 돌렸다. 플라톤의 형이상학은 세계를 불완전한 차안과 완전한 피안으로 나누고, 기독교의 교의는 세계를 덧없는 지상과 영원한 천상으로 나눈다. 이 두 사상과 교의는 각각 피안의 완전한 것과 천상의 영원한 것에 이르는 것이 생의 목적이라고 가르쳤다. 그 결과 이 현실의 생의 의미는 그 목적을 위한 수단으로 굴러 떨어지게 되었다. 니체가 "신은 죽었다."라고 외치며 분연히 일어섰던 것은 바로 이 이원론과 목적론의 소탕을 선언한 것이었다. 그가, 『차라투스트라는 이렇게 말했다』를 쓰면서 이른바 '영원회귀'의 사상을 처음부터 끝까지 밑바닥에 깔고 있었던 것은 바로 이런 까닭에서였다.

  니체가 신 대신에 내세운 두 계기가 공간과 시간이다. 그는 로버트 마이어의 에너지 보존의 법칙을 받아들여 우주에 꽉 차 있는 것은 에너지이고 그 에너지의 양은 일정하다고 보았다. 에너지가 양적으로 일정하다는 것은 우주가 공간적으로 크기가 일정하다는 뜻이 된다. 한편 시간은 운동에서 표상된다. 에너지의 운동이 운동의 본성상 영원하다면 시간 또한 영원하다. 니체에 있어서의 우주란 결국, 유한한 공간 속에서 이루어지는 에너지의 끝없는 운동이다. 그 운동의 형상이 만물의 천변만화다. 그 변화는 닫혀 있는 유한한 공간 내에서 더 늘어날 것도 줄어들 것도 없이 다만 스스로를 생성하고 파괴한다. 스스로를 다시 생성하고 다시 파괴한다. 영원히 원을 그리는 그 나아가고 물러남은 결국 제자리로 회귀하게 되는 운동에 불과하다. 이것이 고대에서부터 있어온 '영원회귀'의 니체적 수용이다.

 그러나 우주는 다만 영원히 순환하고 회귀할 뿐이라는 니체의 이 사상은 구경의 목적이 없다. 만약 우리가 지향 없이 굴러가는 어떤 수레바퀴라면 되풀이되는 우리의 일상이 얼마나 따분하고 얼마나 약약하겠는가? 마침내 인간은 극한의 권태에 빠지게 되고, 그 권태로 해서 목적론적 세계관에 편안히 머물러 있던 종래의 인간은 허무주의에 떨어지고 만다.

 『주역』이, "돌이킴에서 아마도 하늘땅의 마음을 볼진저!"라고 하지만 태양이 동지와 하지를 영원히 순환하는, 그에 따라 만물이 '한번은 닫히고 한번은 열리는'(一闔一闢) 그 운동은 단순 반복의 율동이란 점에서 니체의 영원회귀와 같이 구경의 목적이 없다. 하늘땅의 마음이라 하지만 의인화일 뿐 하늘땅, 곧 하늘은 주재천(主宰天)이 아니라고 나는 생각한다. 따라서 『주역』의 우주론 또한 종당에는 허무주의에 떨어질 수밖에 없다. 얼마나 허무하다 싶었으면 의인화를 다 했을까. 하늘땅의 마음이란, 허무한 마음을 어름하게 어르고 눙친 소리에 불과하다.

  니체는, 이 허무주의를 극복하기 위해서는 새로운 인간이 태어나야 하는데 그 새로운 인간을 '위버멘쉬'라 했다. 하지만 위버멘쉬는 아직 나타난 적이 없다고 했다. 위버멘쉬를 번역한 '초인'(超人)이 마치 또 하나의 인격체로 오해될 수도 있지만 위버멘쉬란 특정한 인간이 아니다. 개개인이 자기 스스로의 힘으로 이르러야 하는 이상적인 경지다. 자기긍정의 생명력에 넘쳐, 남을 정복하여 강대해지려는 의지를 니체는 '힘에의 의지'(권력에의 의지)라 하고 이를 생의 근본 충동으로 보았다. 힘에의 의지는 니체 철학의 주축이거니와 이를 체현한 인간의 경지가 위버멘쉬다.

  위버멘쉬가 또 하나의 인격체가 아니듯 또 하나의 신이 아니다. 신은 죽었다고 외친 사람이 다시 신을 내세울 까닭이 없다. 그렇다면 신이 죽은 그 자리는 그냥 빈 채로 있다. 신을 믿는 입장에서 본다면, 신은 우주를 창조하고 주재할 뿐만 아니라 모든 가치의 척도이다. 따라서 신이 없는 세계는 가치의 무질서, 무정부 상태가 된다. 니체는 가치 척도로서의 신의 자리에 대지(大地)를 앉힌다. 신 대신에 대지에 귀의하고 경청할 것을 가르친다.

  니체가 말하는 대지는 자연과 진배없다. "자연으로 돌아가라."는 루

소의 말을 니체도 했다. 그런데 『주역』은 대지니 자연이니 하지 않고 천도(天道) 곧 하늘을 말했다. 여기서 하늘이란 천명(天命)이요, 정명(定命)이기도 하다. 니체의 대지며 자연은 저절로 그러한 것이다. 저절로 그러함이란 결국 운명을 뜻한다. 모든 것은 운명이니 운명을 사랑하라고 역설하는 니체의 결정론과 운명에 대한 신앙은 『주역』의 하늘 곧 정명사상과 흡사하다. 다만 니체의 대지는 단순 소박한 개념이지만 『주역』의 하늘은 체계적이고 실증적인 개념이다. 『주역』의 하늘이 실증적인 까닭은, 『주역』은 점(占)이기 때문이다. 니체의 대지며 『주역』의 하늘이 가치척도로서의 신을 대신할 수 있을까?

신을 인정하지 않으면서도 허무를 극복할 수 있다고 믿는 사람들이 있다. 승도(僧徒)들이다. 불교의 영겁연기(永劫緣起)는 니체의 영원회귀며 『주역』의 돌이킴과 닮았으면서도 승도들은 니체의 대지는 말할 것도 없거니와, 『주역』의 하늘 곧 천명이 뚜렷하다고 말한다면 하늘을 색(色)이라 할 것이다. 현상을 초월한 절대적 존재가 하늘이라고 말한다면 하늘을 공(空)이라 할 터이다. 과연 그런가? 뚜렷하다고 해서 색으로만 말하고 현상을 초월한다고 해서 공으로만 설해도 되는가? 그들은 마침내, 일심(一心)의 법계는 일(事), 일(事)이 거리낌이 없다고 말할 것이다. 네가 내

속에 들어오고 내가 네 속에 들어간다는 이 생각, 그들이 하는 소리가 너무 멀어서 나 같은 속인의 귀엔 그저 비 맞은 중 담 모퉁이 돌아가는 소리로 들릴 뿐이다.

겨드랑이에 날개가 나서 구름 위에 노닌다면 몰라도 그렇지 않고서야 내가 직접 신을 만나지 못한다면, 인생무상을 극복하려는 어떤 종교도 철학도 내겐 한낱 귀신 씻나락 까먹는 소리일 뿐이다. 하지만 토마스 아퀴나스처럼 신이 있어야 한다는 논리는 가능할지 모르지만 신의 존재를 증명할 수는 없지 않는가.

명년 이때 피는 꽃이 오늘의 낙화에 대해 무슨 의미가 있는가. 영원히 돌이키는 것도, 영원히 회귀하는 것도, 영원히 연기하는 것도 낙화는 아니다. 꽃이야 낙화가 되든 말든 그래도 나는 꽃밭에 공을 들이리.

여향餘香

잠시 동안이었긴 하지만 조선일보와 한국일보의 신춘문예모집에 수필도 들어 있던 때가 있었다. 그 신춘문예모집에 수필 몇 편을 보냈다. 1983년 겨울이었다. 두 사람의 글이 경합한 마지막 단계에서 밀리고 말았다.

나는 1970년부터 지방의 일간신문이며 잡지에 더러 수필을 발표하고 있던 터이라 새삼스레 등단절차를 거칠 필요성을 느끼지 않았었지만 수필이 들어 있는 신춘문예모집 광고를 보았을 때 신문도 신문 나름인지라 눈이 번쩍 뜨였다. 이것이 훗날에 악연을 만들 줄 누가 알았겠는가.

신춘문예에서 떨어뜨린 나의 글을 심사위원의 한 사람이었던 ㅂ씨가 나한테 허락도 받지 않고 어느 수필 잡지에다가 덜렁 초회추천을 해 버렸다. 심사평은 쓸데없이 혹독했다. 신춘문예 심사가 공정했다는 걸 강조하려 한 검은 속내를 내가 왜 몰랐겠나. 기분이 매우 언짢았지만 그때 조선일보와 한국일보의 신춘문예에 수필이 빠져 버린 터이라 이 잡지의 마지막 추천 과정을 거치기로 마음을 고쳐먹었다.

심사위원을 특정인 명의로 하던 것을 단체 명의로 한다고 하더니 어느 날 나의 수필을 우롱했던 ㅂ씨한테서 전화가 걸려 왔다. 문화공보부 아무개 국장께 교섭을 해서 그 잡지의 '등록인가'를 받아 주면 나를 등단시켜 주겠다고 했다. 말만 단체 명의지 실권은 그 사람한테 있는 모양이었다. 언론통폐합을 했던 군부 정권 시절이어서 잡지인가를 얻기가 매우 어렵던 때였다. 아닌밤중에 홍두깨. 속이 부글부글 끓었지만 내색은 않고 그냥 싫다고만 딱 잘라 말했다.

그 이듬해에 내가 등단을 하자 그 잡지의 '등록인가' 운운하던 ㅂ씨로부터 전화가 왔다. '후견인'이 될까 하는데 어떻게 생각하느냐고 은근한 목소리로 떠봤다. 깜짝 놀랐다. 말이 후견인이지 충성 서약을 받자는 거 아닌가. '글쎄요'라고 답한 것이 비유하자면 용의 역린을 건드린 꼴이 된 줄은 차차 알게 됐다. 근년에 그 잡지에서 낸 자료에 의하면 그 잡지에 게재된 나의 글이 후배들의 글보다 턱없이 적은 데는 다 까닭이 있었던 거다. 틀림없이, 다른 사람들도 등단할 무렵 ㅂ씨로부터 후견인이라는 미명으로 충성 서약을 요구하는 전화를 받았지 싶은데 그 사람이 주간했던 잡지에 글도 나보다 훨씬 자주 실리고 회장이니 뭐니 하고 여러 가지 감투도 쓰고 문학상도 타고 했던 걸 보면 그들이 뭐라고 답했는지는 알 만하다.

대학 선생들이 주축이었던 그 잡지는, 자중지란이라도 일어났던지 대학 선생들은 거의 다 빠져나가고 나 보고 등록인가를 받아 달라던 그 ㅂ씨 한 사람의 수중에 들어갔다. 그는 신인추천을 남발하여 세를 형성했다. 출신 작가가 많아지자 첫 모임을 갖고 회장을 선출하게 되었다. 추천 서열에 따르는 관례대로라면 응당 내가 초대 회장이 되어야 하는데 자칭 그 후견인이 그 자리에 턱 나타나서 좌중의 의견은 한마디도 들어 볼 생각도 않고 대뜸 특정인을 회장으로 지명했다. 체육관에서 우격으로 대통령을 만들던 시절이라 그런 짓거리를 흉내낸 것인지는 몰라도 그보다도 더한 독재였다. 아무도 입을 여는 사람이 없었다. 충성 서약을 잘 지킨 거다. 피지명자는 난잡하게 휘갈긴 엽서로 회합 통보를 했던 바로 그자이고 보면 그자와 짬짜미로 꾸민 짓거리였으리라는 건 삼척동자도 알 만한 일이었다. 내가 속이 상한 것은 회장을 못 해서가 아니었다. 나를 회장으로 호선(互選)하면 무슨 핑계를 대서라도 끝까지 고사하리라는 것이 나의 속내였기 때문이다. 회장이 된 김 모야라는 접장은 내 옆으로 바짝 붙어 앉더니, 초면인 나를 보고 대뜸 한다는 소리가, 박 선생님의 수필 「취한의 허튼소리」는 예사 글이 아니라느니 어떻다느니 하면서 간드러지게 온갖 애교를 다 떠는 꼴이 꼬리만 없을 뿐이지 똑 강아지 같았다. ㅂ씨는 여러 사람이 보는 데서 나에게만 그의 수필집을 한 권 주기에 나 또한 여러 사람이 보는 데서 그 책을 궁둥이에 깔고 앉았다가, 덕수궁 지하철 굴속에서 침을 탁 뱉은 뒤 씩씩거리며 갈기갈기 찢어 버렸다. 집에 와서도 그 사람이 지은 수필집을 모조리 찾아내어 그렇게 단죄했다. 그런 다음 비누로 손을 씻었다.

  비누로 손을 씻던 일이 언제 적 일인데 신춘문예 때만 되면 아직도 신열이 나다니……. 신열을 앓으며 봄을 맞고 봄을 보낸다.

  올봄에 누가 내게 팔공산 명소를 묻는다면 나는 그 첫 번째로 송광매원(松廣梅園)을 아느냐고 말할 거다. 경상북도 칠곡군 기산면에도 같은 이름의 매원이 있지만 그 매원의 종가라고나 할 팔공산의 매원을 소개할 거다. 팔공산 파계사에서 송림사 쪽으로 조금 가다가 보면 대구광역시와 경상북도의 경계 지점인 작은 고갯마루가 나오는데 이 고갯마루 조금 못 미쳐 오른 쪽 농로를 따라 조금만 올라가면 막다른 곳이 기념관을 갖춘 송광매원이다. 1980년 6월 당시 영남대 교수였던 권병탁 박사가 전남 순천에 있는 송광사에 들렀다가, 절 앞뜰에 서 있는 오백 년 묵은 매화나무 밑에서 우연히 매실을 발견했는데, 황색을 띤 그 열매가 대형인지라 이름 있는 나무는 열매부터 확실히 다르구나 싶은 생각이 들어서, 그 매실 몇 개를 얻어 온 것이 송광매원의 시조가 되었다고 한다. 3월 말 4월 초면 칠백여 그루의 매화꽃이 칠천여 평의 산골짜기 하나를 온통 하얀 구름으로 메워 버린다. 홍매는 고명이요, 백매가 주축이다.

그 후견인인가 하는 작자는 세상을 떠났다. 그가 죽기 전에 그를 이 매원에 초청했더라면 하는 가정을 해 본다. 그와 더불어 이 매원을 거닐며 꽃향기에 취해 본다든가, 잔을 기울이며 매화시를 읊어 본다든가, 이별보다 더 애절한 낙화의 사연을 생각해 본다든가 했더라면 하는 생각을 해 보는 것이다. 그랬더라면 이 신열이 조금은 내렸을까. 하지만 나는 강아지가 아니다.

햇볕이 따뜻해지거든 송광매원에 가볼거나. 꽃을 못 보면 어떡해. 꽃봉오리라도 보겠지. 꽃봉오리도 못 보면 어떡해. 낙화라도 보겠지. 낙화도 못 보면 어떡해. 여향을 찾으리.

허허한 가지 사이로 여향을 찾노라면 내 가슴은 언제나 두근거린다. 두렵다. 여향을 이루는 일이야말로 인생의 대의(大義)가 아닐까 한다. 나는 왜 글을 쓰는가?

꽃 떨어져도 봄은 그대로

울적할 때면 나는 가끔 피아노 앞에 앉는다. 밤이 깊었는지 골목이 죽은 듯이 적적하다. 창밖엔 반나마 고사한 늙은 장미가 겨우 꽃송이 여남은 개를 달고 있더니 다 지고 없다. 그나마 내년에는 꽃이 필지 안 필지도 모르겠다. 장미는 다 죽으려 하고 이 봄 또한 다 가려 하는데 그리움은 아득하고 봄밤은 저 홀로 깊어 간다. 나는 건반에 엎드려 실없이 운다. 문득 떠오르는 고인의 시 한 토막이 먼 산울림처럼 들리는 것 같다.

꽃은 떨어져도 봄은 그대로 있다(花落春仍在)

청대의 유월(兪樾)이 서른 살 때 복시(覆試)에서 써 낸 시의 첫 구라고 한다. 이 첫 구에 놀란 중국번(曾國藩)이라는 시험관(閱卷官)이 유월의 시를 복시 으뜸으로 올려놓았다.

자기가 지은 시가 우연히 자신의 미래를 예언한 것과 같이 되는 일을 시참(詩讖)이라 한다는데 출세작이라 할 유월의 이 시가 그러했다. 유월은 일흔이 넘어서 왕염손(王念孫) 왕인지(王引之) 부자의 고거학적(考據學的)인 학문 방법에 심취하게 되어 지난날 쌓아 온 자신의 학문을 반성하게 되었지만 그들과 같은 학문 방법으로 새 출발을 하기에는 너무 늙었다고 심히 낙심했다. 이를 지켜본 친구 하나가 복시 때 써 낸 유월의 이 시구를 상기시키며 격려했다. 유월은 잠에서 깨어난 듯 발연히 일어나 여든여섯 살에 세상을 떠날 때까지 왕씨 부자의 고거학적 방법에 경도하여 절차탁마(切磋琢磨), 괄구마광(括垢磨光) 끝에 드디어 도저한 학문을 이루었다. "꽃은 떨어져도 봄은 그대로 있다."라는 그의 시어처럼 된 거다. 이 시를 끌어다가 자신의 서재 이름을 봄이 있는 집이란 뜻으로 '春在堂'(춘재당)이라 했다.

춘재당 서재에 가득히 쌓였을 그가 지은 많은 서책들을 내가 어찌 다 알겠는가마는 그의 『周易互體證』(주역호체증)이란 책을 펼쳤을 때 나는 너무 반가워 고인처럼 방 안을 왔다갔다했다. 이 책 하나만으로도 적적한 나의 서재에 한 가닥 봄기운을 느낀다.

어설프게나마 가곡 '봄처녀'를 연주해 본다.

제2편

뚝섬
뚝섬의 애가(哀歌)
까치밥
구령(口令)
장재(張載)는 답을 하라
촛불과 맞불
예외자의 함의(含意)

뚝섬

옛날의 한강은 참 운치가 있었다. 특히나 뚝섬이 그랬다. 넓은 모래밭이며 수양버들 버드나무 따위 우거진 나무들이며 새들이며 돛단배며 조각배며 그리고, 얼어붙은 강에서 얼음낚시를 하던 그 노인, 그 고적하고 허허한 분위기 같은 것들이 눈 감으면 아련히 떠오른다.

입학으로 치면 오십 년이 넘은 대학교 일 학년 때였다. 뚝섬에는 친구 하나가 살고 있었다. 나는 가끔 동대문에서 동차를 타고 뚝섬으로 갔다. 봄여름에 자주 갔지만 가을에도 겨울에도 더러 갔다.

아이들처럼 물장난을 치며 깔깔거린다든가, 모래톱에 널어 둔 친구의 빨래를 걷어찬다든가, 배갈을 병째로 둘이서 번갈아 들이켠다든가,

괜히 고함을 질러댄다든가, 예쁜 여학생 곁에서 휘파람으로 새소리 흉내를 낸다든가, 강이 얼면 얼음낚시를 하는 노인 곁에 우두커니 서 있다든가 그런 것들이 마냥 즐겁기만 하던 그때 그 시절, 나는 처지가 퍽 구차스러웠지만 아, 젊어서 좋았지 않았는가!

그 친구와 나는 풀밭에 앉아 토론을 벌이기도 했다. 같은 교수한테 같은 형법 공부를 하면서도 그 친구는 형벌이란 범죄에 대한 응보라고 하는 객관주의 형법이론을 선호했고 나는 형벌이란 개인과 사회의 범죄로부터의 예방이라고 하는 주관주의 형법이론에 끌렸기 때문에 논쟁이 벌어지는 건 당연한 이치였다.

그와 나와의 논쟁이 점점 재미있게 되어 간 것은 수업시간에 어느 교수한테서 들은, 옛날 정다산(丁茶山)이 강진에 유배되었을 때 어느 날 해남에서 그의 친구 윤영희(尹永僖)를 만나 나누었다는 이야기를 흉내내게 되고부터다. 한번은 방학이 끝나고 그 친구를 처음 만났을 때 내가 말을 걸기를 정다산처럼, "안 죽고 만나니 이상하구나!"(不死而相見異哉)라고 해 보았다. 그랬더니 그는 윤영희처럼, "사람이 죽기가 어찌 쉬운 일이냐?"(人死豈易事耶)라고 했다. 내가, "사람이 죽는 건 가장 쉬운 일이야."(人死最易事)라고 했더니 그는, "죄악이 다한 뒤에 사람이 죽지."(罪惡盡然後人死)라고 했다.

나는, "복록이 다한 뒤에 사람이 죽지."(福祿盡然後人死)라고 했다. 말마다 그는 윤영희를 흉내냈고 나는 정다산을 흉내냈다. 내가 고등고시(사법과)를 두고 물었더니 그는, "한번뿐인 인생인데 한번뿐인 젊음을 걸기엔 너무 좀스럽지."라고 했다. 나는, "한번뿐인 인생이기에 한번뿐인 젊음을 걸어야 좀스럽지 않지."라고 응수했다. 이때도 역시 그의 말은 윤영희 식의 말투가 되고 나의 말은 정다산 식의 말투가 되는지는 잘 모르겠다.

그 친구는 부잣집 외아들로 태어났지만 중학교 때 연달아 부모를 여의었다. 아버지의 청계천 봉제 공장은 삼촌이 맡아서 하게 되었는데 얼마 안 가서 부도가 났다. 삼촌은 행방불명이 되고 그 가족과 이 친구는 하루아침에 거리로 나앉게 되었다. 그때 이 처지를 알고 있던 한 처녀가 친구를 거두었다. 그 처녀는 아버지의 공장에서 일하던 여자였다. 둘은 누나와 남동생이 되어 뚝섬에서 셋방살이를 했다. 학비는 그녀가 해결해 주었다. 그러던 어느 날 밤에 우락부락한 사내 둘이 쳐들어와서 그녀를 끌고 갔다. 그 후 그녀는 끝내 소식이 없었다. 주인집 아줌마는 혼잣말처럼 말했다. "처자가 빚이 좀 있다더니……. 아마도 나쁜 곳으로 팔려갔겠구먼."

일찍이 풍상을 겪은 사람이어서 그런지 그에겐 어딘가 남달리 사람을 끄는 구석이 있었다. 나는 그와 기미상적(氣味相適)했지만 그는 나보다 잘생기고 속이 깊었다.

하지 아니하여도 되는 것이 하늘이라더니 가정교사 하기가 대학교수 하기보다 더 힘들다던 그 시절에 그는 부잣집 가정교사로 들어갔다. 그는 졸업 후 딸만 일곱인 대단한 재벌가의 맏딸과 결혼을 하게 되었다. 많은 변호사를 거느리며 한때 기업의 실세로 탁월한 경영 수완을 보이기도 했다.

부르지 않아도 부른 듯이 오는 것이 운이라더니 무슨 잘못이 있었기에 군부(軍部)의 미움을 사서 끝내 회사가 망하고 말았다. 그 충격인지는 몰라도 들리는 소리로는 맑은 정신을 잃어버리고 종국에는 행방조차 알 수 없게 되었다고 한다.

그 친구의 부침(浮沈)을 지켜보면서 인제는 죄악이니 복록이니 하는 생각이 없어졌다. 죄악이든 복록이든, 생명을 얻었다는 이 사실이 나에겐 한없이 경이로울 뿐이다. 내 이미 육허(六虛)에 두루 흐르고 오르내림이 속절없음을 알았는데 남은 세월에 뭘 더 바라랴!

그 옛날 언제나 신골을 치던 뚝섬 가는 동차가 자주 생각이 난다. 마주선 여자와 배가 서로 대여도 몸 돌릴 틈이 없어 숨막히던 그 고약한

동차가 왜 이리 그리울까. 그 동차는 다 어디로 갔을까?

아 참! 뚝섬의 진경(珍景)이랄까, 가끔가다가 노을이 지는 불그스레한 강줄기를 따라 뗏목이 흘러내릴 때면 사람들은 일제히 손을 흔들며 뚝섬이 떠나갈 듯 환호했었지. 그 뗏목은 다 어디로 갔을까?

뚝섬의 애가 哀歌

눈감으면 아련히 떠오르는 뚝섬! 대학 일학년 때이니 뚝섬에 가본 지가 입학으로 치면 오십 년이 넘었다. 그 뚝섬이 지금은 어떻게 변해 있는지 가보지 않았으니 모르지만 가보고 싶은 생각이 추호도 없다. 자칫 깨어질세라 옛날 뚝섬의 모습을 그대로 가슴 속에 간직하고 싶을 뿐이다.

옛날의 뚝섬유원지는 강물이 맑고 백사장이 넓었다. 수양버들 버드나무 같은 수목이 우거졌고 온갖 새소리도 가관이었다. 특히 봄부터 가을까지는 수영하는 사람, 뱃놀이 하는 사람들로 늘 북적거렸다. 간혹 유유히 흘러내리는 뗏목의 그 장쾌한 광경이며, 강이 얼면 얼음낚시를 하는 어옹의 그 적막한 분위기를 나는 아직도 잊을 수가 없다. 잊을 수 없는 것이 하나 더 있다.

그 당시 뚝섬에 가면 심심찮게 「한강」이란 노래를 들을 수 있었다. 어떤 사람들은 뚝섬이 떠나갈 듯 합창을 하기도 하고 남녀 학생이 듀엣이 되어 부르기도 했다. 하모니카로 부르는 사람이 있는가 하면 허밍으로 부르는 사람도 있었다. 나 또한 뚝섬에 가면 친구와 더불어 언제나 이 노래를 흥얼거리고 돌아다녔다.

이십대 중반의 최병호라는 서울중앙방송국 직원이, 1951년 1·4 후퇴 때 부산으로 피난을 가서 부산방송국 뒤뜰에 판잣집을 마련하여 쓸쓸히 피난살이를 하게 되었다. 전쟁 중이지만 두고 온 뚝섬유원지의 애틋한 추억을 그리워하며 괴로워하다가 그런 심정을 작사가도 작곡가도 아닌 그가 손수 가사를 쓰고 곡을 붙였다고 한다.

그는 서울에서 피난 온 방송국 전속 가수들에게 이 곡을 주어 출연시켜 보았지만 이 곡을 적절히 소화하지 못하여 고민에 빠졌다. 그 무렵 그는 대구 문화극장에서 방송관계의 공무에 종사하게 되었는데 그때 그 극장에 기거하던 심연옥이라는 가수에게 이 곡을 줘서 부르게 했다. 1952년 가을의 일이었다. 첫 공연은 이듬해 초에 대구 문화극장에서 했는데 열화와 같은 박수와 환호가 쏟아졌다고 한다. 당시는 아직 휴전을 몇 달 앞둔 전쟁 중인 때라서 노래에 담긴 최병호의 우수는 서울을 사랑하는 사람들의, 아니 그 시절 모든 사람들의 우수이기도 하거니와 그 우수가 이십대 초반의 여가수, 심연옥의 애수 짙은 음색이며 섬섬한 자태와 잘 맞아떨어졌기 때문일 것이다.

 한 많은 강가에 늘어진 버들가지는……

 나는 대학을 마치고 직장 따라 이 고을 저 고을로 떠돌던 시절에도 노래를 불러야 할 계제가 되면 막판에 가서는 꼭 이 노래를 부르곤 했었다. 그까짓 음정 박자야 맞든 안 맞든 돼지 멱따는 소리로 젓가락으로 술상을 두드리며 새벽닭이 나를 따라 울 때까지 노래를 불렀던 그 허름한 술집, 술집……. 빈 주전자만 들락거려 놓고 슬슬 눈치를 살피며 자원해서 곱사춤을 추던 그 주막집 주모. 대학 예비고사에 실패하고 집을 뛰쳐나왔다는 내 누이 같던 여자. 팁을 뿌리치며 내 손등을 가만히 눌러 주던 내 누님 같던 여자, 여자……. 술값을 서로 내겠다고 허세를 부리던 친구들. 대낮 같은 달빛 아래 비틀거리며 알 수 없는 슬픔에 울먹이던 그 밤. 나도 그런 때가 있었던가. 그 술집 그 여자 그 친구들은 다 어찌 되었을까. 그때가 삼십대에서 초로에 막 접어들 무렵이니 아직 젊었지만 더 젊었던 시절이 애틋했던지, 뚝섬에서 이 노래를 흥얼거리고 돌아다니던 그때 생각에 울컥하여 노래를 다 부르지 못할 때도 있었다.

요즘은 이 노래를 불러 보아도 그저 덤덤하다. 잿불이 다 식어가는 모양이다. 내가 아직 살아남아서 이 노래를 부르고 있다는 사실이 참으로 감사할 따름이다. 하지만 오늘을 애틋해 할 세월이 내게 남았겠는가.

적막한 가을밤이다. 세월은 전보다 더 빠른 것 같은데 밤은 더 길고, 귀는 전만 못한데 귀뚜라미 우는 소리는 더 크게 들린다.

까치밥

옛날 우리집 마당가에 고비늙은 감나무가 한 그루 있었다. 감을 따 들일 때면 맨 꼭대기에 까치밥이라 해서 한두 개를 남겨두도록 할아버지는 긴 담뱃대를 뻗쳐 들고 언명하셨다. 한번은 어린 마음에 이상하다 싶어 그 까닭을 알고 싶어 했더니,

"이 놈 봐라, 홀로 알 생각 않고 물어!"

이러시며 할아버지는 담뱃대로 나의 머리통을 딱, 때리셨다.

이파리도 감도 모두가 떠나간 가지 끝에 홀로 남겨진 감 하나. 낙목한 천에 풍상의 길을 저 홀로 간다. 까치 같은 새들한테 꼼짝없이 파먹혀 만신창이가 된 채 쭈그러들다가 마른 나뭇잎 같이 되고 말면 오던 까치도 발길을 돌리고 까치밥 언저리엔 쓸쓸히 달빛만 머문다.

이때쯤 되면 우리 할아버지는 전에 없던 흥이 나셨다. 그 긴 담뱃댈랑 깃고대에 비스듬히 지르고서, 뒷짐지고 감나무를 둘러 돌고 돌며 흥겹게『맹자』의 한 대문을 암송하셨다. 글쎄 이 어린것이 엄청 같잖고도 잔망스러웠지 않았겠나, 할아버지처럼 뒷짐지고 할아버지의 뒤를 따라 장단을 맞추듯 웅얼거리며 감나무를 돌고 돌았으니……. 그 글을 이제 번역으로 옮겨 본다.

순(舜)은 밭 가운데서 기용되었고, 부열(傅說)은 성벽 쌓는 틈에서 등용되었고, 교력(膠鬲)은 생선과 소금 파는 데서 등용되었고, 관이오(管夷吾)는 옥관(獄官)에 잡혀 있는 데서 등용되었고, 손숙오(孫叔敖)는 바닷가에서 등용되었고, 백리해(百里奚)는 시정에서 등용되었다. 그러므로 하늘이 장차 이러한 사람들에게 중대한 임무를 내리려면(天將降大任於是人也) 먼저 그들의 심지를 괴롭히고 그들의 근골을 수고롭게 하고 육체를 굶주리게 하고 그들 자신에게 아무것도 없게 하여서, 그들이 하는 것이 그들이 해야 할 일과는 어긋나게 만드는 것인데 그것은 마음을 움직이고 성질을 참아서 그 해내지 못하던 것을 더 많이 할 수 있도록 하기 위해서다. 사람은 늘 잘못을 저지르고 난 뒤에야 능히 고칠 수 있고, 마음속으로 번민하고 생각으로 저울질해 보고 난 뒤에야 하고, 괴로움을 안색으로 나타내고 음성으로 발하고 난 다음에야 안다. 들어가면 법도 있는 세가(世家)며 보필하는 선비가 없고 나가면 적대국이며 외환이 없다면 그러한 나라는 언제나 망한다. 그런 다음에서야 우환에서는 살고 안락에서는 죽는 줄을 알게 된다.

— 『孟子』「告子章句下」

  여기서 맹자가 거명한 사람들의 사연은 시련이며 고통, 빈곤이며 좌절 같은 것으로 한마디로 덮으면 고독이라 하겠지만 맹자는 우환이라 했다. '우환에서는 살고 안락에서는 죽는다.'(生於憂患而死於安樂也)는 맹자의 이 능변은 결국 '가치는 우환(고독)의 소산'이란 말로 줄일 수가 있겠다. 그의 논리대로라면 다음과 같은 주장들이 가능하다.── 바로 맹자 자신의 불우가 뒷날 맹자를 맹자이게 했다. 공자의 야합이생(野合而生)이며 주유천하(周遊天下), 설산동자의 고행, 독생자의 수난, 연명(淵明)의 동귀(東歸:歸去來)와 자미(子美)의 서거(西去:漂泊西南天地間) 같은 것들 또한 그들을 그들이게 했다. 아들을 죽여 끓인 국인 줄 번히 알면서도 자신의 지혜를 숨기기 위해 태연히 받아먹어야 했던 서백(西伯)의 칠 년 감옥살이는 마침내 인류 최고의 지혜라는 『주역』을 연역케 했다. 표도르 도스토예프스키의 파란만장한 생애는 「악령」이며 「카라마조프가의 형제들」이라는 불후의 명작을 남겼다. 정약용의 오랜 유락은 그로 하여금 조선조 제일의 학자가 되게 했다. 우리 민족이 반만년 역사를 지탱할 수 있었던 것은 수천 번의 침략을 당했기 때문이다. 등등.

그러나 아무리 단련을 거쳐도 모든 시우쇠가 다 간장(干將)과 막야(莫邪 鏌鎁)와 같은 명검이 되는 것은 아니다. 진주는 병든 조개의 뱃속에서 나오지만 조개가 병이 든다고 해서 간대로 진주를 배는 것은 아니다. 미꾸라지 어장에 미꾸라지의 천적인 메기를 조금 넣어 기른다고 해서 모든 미꾸라지가 다 잘 자라는 것도 아니다. 사람도 나라도 다르지 않다. 왜 그런가? 하늘의 선택인가?

하늘이 어떤 자에게 중대한 임무를 내리려면 먼저 그에게 우환을 준다고 한 맹자의 말에서 하늘이 중대한 임무를 내리려고 선택하는, 그 선택을 받는 자는 어떤 자인가. 일견 뚜렷한 원칙 같은 것이 있어 보이지도 않는데 그것을 하늘이라고 한다면 하늘은 참으로 옳지 못하다.

그러나 맹자가 말하는 하늘이란 주재(主宰)하는 하늘이 아니다. "하지 아니 하여도 그렇게 되는 것은 하늘이요, 부르지 아니 하여도 닥쳐오는 것은 명이다."(莫之爲而爲者天也 莫之致而至者命也)라고 맹자는 말했다.

여기서 부르는 것은 하는 것에, 오는 것은 되는 것에 포함되는 개념이다. 따라서 명(命)이란 하늘의 내용이다. 맹자의 이 말은 결국 '하늘은 저절로 그렇다.'는 뜻이 된다. 저절로 그러함은 이를테면 "서리를 밟으면 굳은 얼음에 이른다."(履霜堅冰至)라는 이치와도 같은 이치라고나 할까.

그 옛날처럼 지금 우리집 마당가에 제법 고목 태가 나는 감나무가 한 그루 서 있다. 가지 끝에 감 하나가 달려 있다. 두 개를 남겼더니 하나만 남았는데 그나마 절반은 먹히고 절반만 남았다. 그걸 마저 먹으려고 까치가 날아든다. 아기 주먹만한 곱다란 저 열매 하나가 무슨 잘못을 저질렀기에 북풍한설이 휘몰아치는 가지 끝에 매달려 까치 같은 날짐승한테 무참히도 찢기고 먹히는가. 그 절체절명의 환난 통에서도 아무 일도 없었다는 듯 무심히 씨 하나가 떨어진다. 씨는 먹혀도 어딘가에 배설된다. 역모의 죄로 삼족이 도륙당하는 참극 속에서도 목숨을 보존하게 되는 한 어린 생명이라고나 할까. 살아남은 어린 생명, 떨어진 감 씨 그것은 새 세계를 여는 반전이다. 『주역』이 까치밥 같은 과실에 부쳐 "큰 과실은 먹히지 않는다."(碩果不食)라는 일견 억지스러운 소리를 한 것은 장차 큰 과실이 역모와도 같은 반전을 일으킬 것을 암시한 거다. 이 반전을 두고 『주역』은, "돌이킴에서 아마도 하늘땅의 마음을 볼진저!"(復其見天地之心乎)라고 했는가 하면 노자는, "돌이키는 것은 도의 움직임이다."(反者

道之動)라고 했다. 두 가지 말이 하나는 하늘의 마음이라 하고 다른 하나는 도라고 했을 뿐 다 같이 궁상반하(窮上反下), 곧 반전을 두고 말한 것임에는 다르지 않다.『주역』의 구경은 천도(天道)요, 노자의 구경은 도(道)일뿐이기 때문이다. "같이 돌아가면서 길만 다르다."(同歸而殊途)라고나 할까.

돌이키다니, 그 까닭이 뭔가. 만물은 그 자체 내에 부정(否定)을 함유하고 있기 때문이라고 헤겔은 말한다. 왜 부정을 함유하는가. 저절로 그렇다고 할 수밖에 나는 그런 것에 대해 아는 것이 별로 없다.

요즘 들어 앞집 지붕에서 까치가 자주 짖는다. 감나무 곁을 떠나야겠다.

◆ '碩果不食'을 "[큰 과실은 다 먹지 않고 남긴다는 뜻으로] '자기의 욕심을 버리고 자손에게 복을 끼쳐 줌'을 이르는 말."이라고 한 국어사전의 해석은 사이비 해석이다. "[큰 과실은 먹히지 않는다는 뜻으로] 窮上反下의 씨앗이 되는 이치를 상징적으로 표현한 말."이라는 정도로 설명하는 것이 핍진하다. '碩果不食'은 『周易』剝卦 上九의 爻辭로서 剝卦의 上九는 장차 復卦의 初九(不遠復)로 반전하기 때문이다. 따라서 '碩果不食'에서 '不食'을 侯果는 '不被剝食'이라 했는가 하면 程子는 '不見食'으로, 朱子는 '不及食'으로, 丁若鏞은 '不爲所食'으로 해석하는 등 선철의 주석은 모두 국어사전과는 달리 "먹히지 않는다."라고 피동으로 해석한 것이다.

나는 지금 대구의 '신천대로'를 따라 퇴근하는 중이다. 교통체증이 당연지사가 되어 버린 이 대도시에서 나의 퇴근길은 쾌적하기 그지없다. 시속 백 킬로 이상도 놓을 수 있지만 반대쪽 차선에서 끙끙거리는 거북들 보기에 좀 뭣하다. 아침 출근할 때 그렇게도 환하게 뚫려 있던 저 차선이 퇴근 때는 저리도 복잡하고, 출근 때 밀리던 이 차선이 퇴근 때는 이리도 탁 트인다.

그러나 집을 살 때도, 직장이 신천대로로 옮겨온 것도 그것을 예측했거나 일부러 그리 한 것이 아니요, 살다 보니 저절로 그렇게 되었다. 내가 사는 곳과 직장이 서로 위치가 바뀐다면 나는 출근 때나 퇴근 때나 처지가 바뀔 거다.

내가 신천대로를 따라 왔다 갔다 하듯이, 사람의 힘으로는 어찌할 수 없는, 보이지 않는 그 누군가가 아주 큰 걸음걸이로 왔다 갔다 하는지도 모른다. 한번 오면 낮이 되고 한번 가면 밤이 되고, 한번 오면 봄이 되고 한번 가면 가을이 된다. 오고 가는 걸음에 따라 누군 웃고 누군 울고, 어떤 때는 나아가고 어떤 때는 물러난다. 내가 신천대로를 따라 왔다 갔다 하는 것은 보이지 않는 그 누군가의, 들리지 않는 구령에 따르는 것인지도 모를 일이 아닌가.

아차, 너무 달렸구나! 도청교도 지났고 성북교도 지났다. 별수없이 서쪽으로 더 빠져야겠군. 이러다간 서대구 쪽에서 시내로 진입하여 나 또한 거북이 되겠다. 이것까지도 그 누군가의 걸음걸이 때문일까. 아니다. 내가 정신을 차리지 않았기 때문이다. 토끼가 되었든 거북이 되었든 그것을 극진히 하는 것은 사람이 아닐까 한다. 사람이 가지 않아도 길이 저 홀로 나는가? 사람이 가지 않으면 있던 길도 없어진다. 사람 있고 길 있다. "사람이 도를 넓히는 것이지 도가 사람을 넓히는 것이 아니다."(人能弘道非道弘人)라든가 "만약 사람이 아니라면 도는 헛되이 행해지지 않는다."(苟非其人道不虛行)라는 말에서 道를 仁이니 뭐니 하지 말고 글자 그대로 길(도로)이라고 해석해 보면 공자님 말씀은 나의 생각과 조금도 다르지 않다.

口와 令을 합치면 命이 된다. 口令은 하늘만이 내리는가. 하늘의 口令은 사람이 자초하는지도 모를 일이 아닌가 한다.

장재張載는 답을 하라

기(氣)가 흩어질 나이가 되어서 그런지, 나는 반잔 술에 말이 헛나간다. 마시다 말고 탁 소리 나게 잔을 놓으며 비 맞은 중이 담 모퉁이 돌아가는 소리를 내기도 한다.

> 술이 다하듯 하는 것이 / 술잔이 깨어지듯 하는 것이 / 인생이라면 / 이 현실이 / 이 생명이 / 무슨 의미가 있느냐?

여기에 대해서는 사람에 따라서 하는 말이 다를 것이다.

나는 한때 불가와 도가의 언저리를 방황하다가 다시 유학으로 돌아왔다. 그 점에 대해서는 외람된 말이지만 고인 가운데는 북송오자(北宋五子)의 하나인 장재(張載)와 비슷하다 할까. 하지만 나는 장재와는 달리 망도필묵(妄塗筆墨)이었을 뿐 이룬 공부가 별로 없다.

장재는 젊어서 병법의 논의를 좋아했는데, 범중엄(范仲淹)의 권유로 이를 버리고 『중용』(中庸)을 읽게 되었지만 만족하지 못했다. 이후 불교와 도가를 전전하며 여러 해 동안 깊이 연구해 보았으나 결국 소득이 없음을 깨닫고 돌이켜 육경(六經)을 공부했다. 이정(二程:程顥, 程頤)과 더불어 도학의 요체를 말하다가 환연(煥然)히 스스로 믿음이 생겨 말하길, "우리의 도로 족하다. 무슨 까닭으로 널리 구하랴!"(吾道自足何事旁求)라고 했다.(『宋史』「道學傳」) 여기서 우리의 도란 물론 유학이다.

장재가 불가와 도가에서 발길을 돌린 이유가 그의 대표적 저술인 『정몽』(正蒙)의 「태화편」(太和篇)에 잘 나타나 있다. "태허가 기(氣)임을 안다면 무는 없다.(無無)" "태허에는 기가 없을 수 없다. 기는 모여서 만물이 되지 않을 수 없고 만물은 흩어져 태허로 돌아가지 않을 수 없다. 이 과정을 따라 나고 드는 것은 부득이 그러한 것이다" "적멸(寂滅)을 말하는 자들은 한 번 가서 되돌아오지 않으려 하며, 삶을 좇아 있음에 집착하는 자들은 물(物)이면서 변화하지 않으려 한다."

한 번 가서 되돌아오지 않으려 한다는 말은 윤회에서 벗어나려 한다는 뜻이니 불교를 말한 것이고, 뒤의 말은 이 몸 그대로 우화등선하려고 하는 도교를 비판하는 말임은 물론이다. 우주는 기로 충만해 있고 기는 모였다 흩어졌다하는 것이 만고불변의 이치인데, 무생(無生)을 구하는 불교나 장생(長生)을 구하는 도교는 다 같이 나고 드는(생과 죽음) 것은 '부득이 그러하다.'(不得已而然)는 이 필연을 벗어나려 한다고 장재는 비판한 것이다.

『정몽』의 마지막 편인 「건칭」(乾稱)의 서두에 일련의 문자들이 있는데 이는 원래 장재가 학자들을 위해 쓴 한 편의 명문(銘文)으로 제목을 「정완」(訂頑)이라 했다. 정완이란 '완고함을 꿇다' '어리석음을 바로잡다'라는 뜻이다. 이 글을 장재는 서재의 서쪽 벽에 걸어 놓았는데 서쪽 벽에 걸렸다 해서 「서명」(西銘)이라고도 하거니와 이 글에서 "만민은 나와 한 탯줄이요, 만물은 나의 동반자다."(民吾同胞 物吾與也)라고 했다. 이런 사상은 이 글의 마지막 말에서 이렇게 응축되었다.

살아서는 나는 일에 따르고 죽어서는 나는 편안하다.(存吾順事 沒吾寧也)

살아서는 인간사에 충실하고 죽음에 이르면 다시 태허(太虛)와 합해 하나가 되면 그뿐이라는 뜻이다. 기일원론의 당연한 귀결이다. 허무도 적멸도 들먹이지 않으면서 또 하나, 유가의 우주관을 정립한 거라고 해서 이정(二程)은 이를 크게 칭송해 마지않았다.

이「서명」의 마지막 말은, "모인 것도 내 몸이요 흩어진 것도 내 몸이다."(聚亦吾體 散亦吾體)(『正蒙』「太和篇」)라는 말이 전제가 되어 있다. 죽어도 없어지는 것이 아니라는 이 말은 구체적 개물(個物)이 나타났다가 사라지는 것은 다만 기(氣)가 모이고 흩어지는 현상일 뿐이라는 뜻이다. 그렇다면 국화의 꽃과 잎은 둘 다 기가 응집한 것이라고 할 텐데 왜 꽃은 꽃이고 잎은 잎인가? 꽃이 잎이 되지 않고 잎이 꽃이 되지 않는 까닭은 어디에 있는가?

장재는 일어나서 답을 하라.

촛불과 맞불

언제였던가? 가늘디가는 개미허리인 한 여자가 어떤 정당의 대표자가 되더니 되자마자 어쩌자고 그 개미허리로써 부처님한테였는지 국민한테였는지는 잘 모르겠으나 '삼천배'를 올린다고 세상을 떠들썩하게 만든 적이 있었다. 여기에 화답이라도 하듯, 또 다른 정당의 무슨 대표자격인 한 여성이 세 발자국 걷고 한 번 땅바닥에 엎드려 절하는 이른바 '삼보일배'라는 이상한 행진을 벌인 일이 있었다. 그러나 삼천배를 해도 삼보일배를 해도 제갈량이 못 되어서 그런지 선거판에 동남풍을 불게 하지는 못했다.

삼천배를 그저 했을 리는 없다. 삼천배가 있기 전에 세상을 발칵 뒤집어 놓은 사건이 하나 터졌다. 이른바 '차떼기' 사건이었다. 차떼기로 돈을 주고받은 것이 합법적인 정치자금이 되는지의 여부는 법이 심판하겠지만, 선거를 코앞에 둔 정당으로서는 치명적이었다. 사람이 궁지에 몰리면 삼천배 같은 평소에는 잘 하지 않던 별 짓을 다 하게 되는 모양이다.

  남의 속내를 알 수야 없는 일이지만 삼보일배 또한 무단히 했을 리야 있겠는가. 그 무렵 세상은 참으로 시끌벅적했다. 삼보일배가 선거판의 구경거리로 나타나기 전에 어쩌면 차떼기보다도 더 희한한 사건이 벌어졌다. 국회의 두 야당 의원이 합심하여 여당을 누르고 대통령탄핵소추를 의결한 것이다. 국회가 대통령을 탄핵소추한 것이 그 절차나 내용이 타당한지의 여부는 헌법재판소의 판결에 달렸겠지만 국회가 옳지 않다고 여기는 일부 시민들이 촛불을 들고 거리로 뛰어나와 시위를 벌였다. 그 촛불시위가 옳지 않다고 여기는 사람들은 그 시위에 맞서 맞불시위를 벌였다. 설사 촛불이 이 세상을 뒤덮어 그 밝기가 해와 같아진다고 해도 촛불일 뿐 태양은 아니다. 훅, 불면 꺼져 버릴 그까짓 촛불 때문에, 촛불이 꺼지면 맞불 또한 꺼져 버릴 그까짓 촛불 때문에 환한 전등을 끄고 재판할 헌법재판소는 아니었지만, 판결의 결과 맞불시위는 힘을 얻지 못했다. 사람이 궁지에 몰리면 삼보일배 같은 별의별 짓을 다 하게 되는 모양이다.

두루 알다시피, 옛날 희랍의 디오게네스라는 철인은 대낮에 등불을 들고 거리로 나왔다. 뜻이 있지 않는가? 밤의 촛불이 전혀 무의미하다는 말은 아니다. 촛불에 놀라서 정신이 번쩍 들었던지 아니면 놀란 시늉만 한 건지는 모르겠으나 "싸우지 말자. 상생의 정치를 하자."라고 한동안 정치인들은 하나같이 외쳐댔다. 금방 가짓말이 되고 말이 말을 곧이들을 사람이 누가 있었겠는가? 백 마디 말 가운데 참말은 겨우 한 마디가 될 둥 말 둥한 작자를 예로부터 '백일'(百一)이라고 한다.

백일의 말이지만 말인즉슨 틀리지 않았다. 나는 어떻게 해서 태어났는가? 아버지 어머니의 감응에서다. 만물은 어떻게 해서 생겨났는가? 하늘땅의 감응에서다. 손뼉도 마주쳐야 소리가 난다. 이 감응은 어디서 오는가? 맞선꼴이기 때문이다.

아버지와 어머니, 하늘과 땅, 해와 달이 맞선꼴이듯 물과 불, 산과 강, 낮과 밤, 볕과 그늘, 동지와 하지, 수컷과 암컷, 지아비와 지어미, 너와 나, 여당과 야당, 삼천배와 삼보일배, 촛불시위와 맞불시위가 맞선꼴이다. 하지만 맞선꼴인 것은 개체의 구조에서 그 진경을 본다. 사람은 인중을 중심으로 아래위로 정중선을 마음속으로 그어 보면 속은 다르지만 겉모습은 좌우가 맞선꼴을 이루고 있다. 소, 돼지, 개, 닭, 새, 나비,

심지어 지렁이, 굼벵이도 그렇다. 넙치나 도다리 같은 예외가 없는 건 아니지만 동물은 거의가 맞선꼴이다. 동물뿐만 아니라 식물도 그러하다. 나뭇잎 하나 꽃잎 하나도 전체의 모양이든 잎맥의 모양이든, 목베고니아(엔젤윙베고니아)의 잎사귀 같은 예외가 없는 것은 아니지만 거의가 맞선꼴이다. 동식물뿐만 아니라 집물, 기계등도 거의가 맞선꼴이다.

"세 사람이 가면 한 사람을 잃고 한 사람이 가면 그 벗을 얻는다."(三人行則損一人 一人行則得其友(『周易』, 山澤損 六三)라는 말이 있다. 너무 쉬워서 어려운 이 말은 결국 걷는 사람은 둘이라는 말이다. 둘이 있을 뿐 하나도 없고 셋도 없다는 이 말은 세계는 둘의 대대(對待)임을 뜻한다. 둘의 대대는 맞선꼴이다.

세계가 어찌하여 맞선꼴인가? 그 소이연을 자연과학이나 철학에서 나름대로는 뭐라고 말할 것이다. 나는 그런 거에 대해 아는 것이 별로 없다. 다만 사람이나 짐승이나 자동차나 비행기 같은 것이 맞선꼴이 아니라면 어찌 될까를 생각해 보며 미소를 지을 뿐이다.

삼천배와 삼보일배, 촛불시위와 맞불시위야말로 대한민국 헌정사의 전부라 해도 좋다. 토인비의 도전과 반응(반전)이다. 하지만 촛불과 맞불을 바라보노라면 내 가슴속에는 언제나 천불이 난다.

예외자의 함의 含意

하늘땅이 갈라지기 전에는 가볍고 맑은 것과 무겁고 탁한 것이 뒤범벅이었을 거라 한다. 이런 상태를 사람들은 어렵게 홍몽(鴻濛)이니 혼돈(混沌, 渾沌)이니 카오스(khaos, chaos)니 한다.

동양철학 쪽에서는 이 혼돈(홍몽) 자체를 태극(太極)이라 하는 사람도 있고 혼돈인 그 까닭을 태극이라 하는 사람도 있으나 어느 생각이 옳은지 잘 모르겠다.

혼돈이 갈라져 둘이 되고 그 둘은 각각 또 혼돈이 되고 그 혼돈은 또다시 각각 둘로 나누어지기를 끝없이 나아간다고 한다. 1이 2로, 2가 4로, 4가 8로, …… 2^{n-1}이 2^n으로 끝없이 나누어진다는 말이다. 이 원리를 주희(朱熹)는 일분위이법(一分爲二法)이라 했고 정이(程頤)는 가일배법(加一倍法)이라 했다. 이 원리는 북송의 철학자 소옹(邵雍)이 주창했지만, "역에는 태극이 있으니 이것이 양의를 생하고 양의가 사상을 생하고 사상이 팔괘를 생하니……"(易有太極 是生兩儀 兩儀生四象 四象生八卦)라는 『주역』(「繫辭傳」)의 말에서 얻어 온 거라고 한다. 소옹의 이 말을 주희가 그림으로 나타낸 것이 이른바 '복희 64괘 차례의 그림'(伏羲六十四卦次序之圖) '복희 64괘 방위의 그림'(伏羲六十四卦方位之圖) 같은 것이다.

    초등학생도 능히 그릴 만한, 거창하지도 복잡하지도 화려하지도 아니한 이 그림들은 그러나 5백여 년 뒤에 근세 철학의 비조로 일컬어지는 라이프니츠를 크게 놀라게 했다. 1703년 4월 1일, 중국에 가 있는 선교사 부베한테서 온 편지 속에서 라이프니츠가 처음으로 복희 64괘 방위의 그림을 대하게 됐는데, 이 그림이 그가 주창한 '2진법산술'의 원리(1679)와 거의 일치했기 때문이다. 다만 2진법산술의 원리는 『주역』의 음(--)과 양(—) 대신에 각각 0과 1로 나타낸 것이 다를 뿐이었다. 더욱이 복희 64괘 방위의 그림은 자신의 2진법 산술의 원리보다 소옹이나 주희를 기준으로 해도 오륙백 년이나 앞섰고 『주역』에서 친다면 사천여 년이나 앞섰다는 사실이 그를 놀라게 했을 뿐만 아니라 허탈하게 했을 것 같다. 그의 '2진법 산술'의 원리는 한갓 요동시(遼東豕—『後漢書』「朱浮傳」)가 되었다 할까.

대저 만사만물은 맞선꼴의 구조를 하고 있다. 사람부터가 정중선을 기준으로 하면 속은 다르지만 겉모습은 좌우가 맞선꼴을 이루고 있다. 동물도 그렇고 나뭇잎 꽃잎도 그렇다. 기구도 기계도 겉모습만은 거의 그렇다. 낮과 밤이, 동지와 하지가, 여당과 야당이, 촛불과 맞불이 맞선다. 복희 64괘 방위의 그림이나 라이프니츠의 2진법산술의 원리가 각각 음과 양, 0와 1이라고 하는 두 대립자 사이의 맞선 관계인 것은 이 만사만물의 맞선꼴의 구조를 상징한 거라고나 할까.

라이프니츠는 세계 평화를 위한 인류의 지상 과제는 보편학의 이념을 발견하는 것이라고 본 것 같다. 하지만 라이프니츠의 2진법산술의 원리나 복희 64괘 방위의 그림은 둘 다 보편원리가 되기에는 부족한 데가 있다. 음과 양, 0과 1로 상징할 수 없는 넘치며 도다리 같은, 맞선꼴의 예외자가 있기 때문이다. 넘치며 도다리 같은 걸 점지한 걸 보면 조물주는 세계 평화 같은 것에는 애초부터 관심이 없었던 모양이다. 만사만물을 점지해 놓고, 고무해 놓고 아무런 근심도 하지 않는 자가 조물주란 말인가. 그런 줄이나 알고 살아갈 일이다.

제3편

두 책
피아노 선생님께
파도는 여태도 슬피 운다
낙화암(落花巖)에서
벤치를 지킨 선수
이별
화차(火車)
꽃뱀일까
우수
바람이 많이 불던 날

듯 책

중학 2학년 때의 일이니 오십 년도 훨씬 넘은 셈이다. 그때 나는 친척 집에 기식하고 있었는데 이 집에 일본 책 영어사전이 한 권 있었다. 三省堂에서 출간한 『コンサイス 英和辞典』이었다. 소녀의 살결만큼이나 보드라운 살색 가죽 표지와, 얇으면서도 질긴 인디아페이퍼(India paper)의 야들야들한 촉감과, 선명하고 깔끔하게 인쇄된 깨알 같은 글씨들, 누가 그랬을까 어쩌자고 진한 향수 냄새가 사람을 어지럽게 만드는, 손 안에 들어올 듯 말 듯 한 크기의 요정 같은 이책, 이런 책을 난생 처음 만나자 나는 첫눈에 반해 버렸다. 어떻게 해서 그럴 수가 있었는지는 잘 기억이 나지 않지만 어쨌든 이 책을 나는 바지의 뒤 포켓에 꽂고 향수 냄새를 풍기며 학교에 다닐 수가 있었다.

당시 우리나라의 책의 꼴은 형편없는 수준이어서 영어사전이래야 내용이나 형태나 조잡하기 그지없었는데, 내가 이런 멋진 『英和辞典』을 갖고 다니는 것은 친구들의 선망이 되기에 족했고 또 내가 일본어를 잘하는 줄로 알고 더러는 눈을 똥그랗게 뜨고 나를 바라보기도 했다.

나는 차차 이 책을 나의 소유로 하고 싶어졌다. 이런 나의 눈치를 알아차렸는지, 뒤 포켓에 꽂고 다니는 것이 불안하게 보였는지 친척 집에서 돌려 달라고 했다. 돌려주기는 했지만 어린 나를 흔들어 놓은 이 책은 여자를 알지 못한 그때의 나에게는 지금 생각해 보면 차라리 여자와도 같은 것이었다. 얼마 동안 통 밥을 먹지 못하고 공부가 제대로 되질 않았고 그 책에 대해 엉뚱하게도 이상한 배신감마저 갖게 되었던 것 같다.

그러다가 고등학교 1학년 때인 성싶다. 어느 날 조잡한 영한사전에 짜증이 나서 옆 자리의 친구에게 그 책 이야기를 하게 되었던 것인데 뜻밖에도, 자기 집에서는 일본에 연락하여 얼마든지 구할 수가 있다고 했다. 구할 수 있다는 그 소리에 나는 귀가 솔깃해져서 돈은 나중에 줄 터이니 빨리 구해 달라고 했다.

얼마 후 책이 왔다. 그러나 내가 기다리던 그 책이 아니었다. 이 책이 조금 더 두꺼웠다는 것 밖에는 이상하게도 이 책에 대한 기억은 뚜렷하지 못해서 책의 이름도 출판사의 이름도 모두 확실치 않지만 아마도 旺文社의 것이었던 것 같다.

　전자가 매화라면 후자는 국화라고나 할까. 나는 매화를 더 좋아하지만 이 국화라도 갖기로 했다. 책 값이 얼마였는지는 기억이 나지 않지만 나는 이 책을 받고도 약속한 날짜가 지나도록 책 값을 갚지 못했다. 아버지 앞에 얼른 입이 떨어지지 않았기 때문이다.

　책 값을 갚지 못하자 집에 와서도 늘 수심에 잠겨 즐기는 기색이 없었던 모양이다. 그러던 어느 날 아버지가 나직한 목소리로 무슨 걱정이 있느냐고 물으셨다. 나는 기다렸다는 듯이 이 책을 아버지 앞에 내놓았다. 아버지의 다음 말씀을 침을 삼키며 기다렸다.

　"안 사면 안되나?"

　아버지의 얼굴에는 짙은 우수가 서려 있었다. 나는 아무 대꾸도 할 수가 없었고 이 책은 속절없이 돌려주어야 하게 되었다. 지금이야 초등학생도 한 달에 얼마씩 정해 놓고 용돈을 타는 세상이 되었으니 요즈음 같으면 용돈을 아껴서라도 얼마든지 그런 책쯤은 살 수가 있을 테지만 그때는 매월 얼마씩 정해 놓고 용돈을 탄다는 것은 듣지도 보지도 못하던 시절이었다.

친구는 언짢은 표정으로 책을 돌려달라고 했지만 돌려주기가 싫어졌다. 엉뚱하게도, 그냥 내게 선물로 줄 수는 없을까라는 생각도 하면서 그 친구가 야속하게 느껴졌다. 이 책이 다른 사람의 손에 들어갈 것을 생각하니 가슴이 답답하였고 멍하니 아무 것도 할 수가 없어졌다.

몇 번 약속한 날짜를 어기게 되자 친구의 독촉은 잦아졌다. 나는 책을 찢어 버리고 싶기도 하고 찢어서 한두 장이라도 갖고 싶기도 했다. 그러다가 한 장인지 두 장인지 나는 실지로 책장을 찢고 말았다. 순간 이상하게도 찢은 그 책장을 갖고 싶은 생각이 싹 없어졌고 찢긴 그 책은 주검과도 같아 보였다. 찢은 책장을 갈기갈기 더 찢어 버렸다. 나는 도둑질을 한 걸까. 아니다. 더 나쁜 짓을 한 것이다. 이 사실을 그 친구에게 고백하지 못 한 채 고등학교를 졸업하였고 다시는 그 친구를 만날 수가 없었다.

오십여 년이 지난 지금에 와서 나는 최근에 이 두 가지의 『英和辞典』의 최신판을 구입했다. 뒤의 책은 그때 그 책과 같은 책인지가 분명하지 않아서 조금 아쉽기는 하지만 어쨌든 이 두 책을 공부하는 데는 전혀 쓰지 않고 책장에 넣어 두고 옛날의 그 책을 대하듯 가끔씩 꺼내어 펼쳐보고는 한다.

보면 볼수록 옛날의 그 책이 더욱 생각난다. 고 작지만 청초한 자색이 어쩌자고 사람을 몽롱하게 만들어 놓고는 뒤돌아보지도 않고 매정하게 떠나던 그때 그 책, 나에게 능욕을 당하고 버림을 받았던 또 하나의 그때 그 책, 이 두 권의 책은 지금쯤 어떻게 되어 있을까? 남아 있기나 할까? 아득한 옛일을 떠올려 보기나 했을까? 더욱이, 나를 믿었다가 능욕당하고 버림받았던 그 책은 나에게 원한을 품었을 것 같고 더럽혀진 몸이라고 누구한테서 진작 또 한 번 버림을 받았을지도 모를 일이다.

아마도 책을 능욕한 죄는 일생을 두고도 씻을 수 없을 터인데도 어찌하여 나는 그 책의 확실한 이름조차 잊어버리고 말았을까? 그리고 또, 그 두 권의 책 가운데 어느 것을 더 사랑하느냐고 묻는다면 나는 서슴없이, 내게 능욕당하고 배신당한 책이 아니라 나를 고혹(蠱惑)시키고 떠나버린 앞의 책이라고 말할 것 같다.

매화 같은 앞의 책, 나의 혼을 빼먹은 그때 그 『コンサイス 英和辞典』을 떠올릴 때면 언제나 그 책 위에 포개지는 어린 여자 얼굴이 하나 있다. 이 책을 사지 말 걸 그랬다.

피아노 선생님께

선생님, 피아노를 배우기엔 너무 늦은 저를 문하에 들게 해 주셔서 고맙습니다. 퇴근할 때 바로 집으로 가지 않고 어딘가 갈 데가 있다는 사실이 그저 즐거웠습니다. 또 다른 인생을 사는 기분이었다 할까요.

선생님 저는요, 피아노 소리 듣고 있으면 어딘가 외롭고 쓸쓸한 사람의 목소리거든요. 눈물이 날 때 피아노 소리 들으면 더 목이 메는 건 어째설까요?

처음 바이엘을 배울 때 43번에서였던가요. 치다가 말고 건반에 엎드려 나직이 흐느꼈을 때 놀라신 선생님께선 얼마 동안 아무 말 없으시다가 한참 만에, 단조는 원래 슬프다고 혼잣말처럼 하셨지요. 그리고는 저를 뚫어지게 바라보시며 "아저씬 가슴에 묻어 둔 슬픈 사연이 있나 봐."라고 하셨습니다. 저는 몸 둘 바를 몰랐고요. 그 후 저는 한동안 아무 연락도 없이 학원에 나가지 않았더랬습니다.

 오늘따라 창밖엔 궂은비가 내리네요. 언제였던가, 오늘처럼 궂은비가 내리던 날 쇼팽의 「물방울」을 연주하시던 선생님을 떠올려 봅니다. 쇼팽이 이 곡을 쓸 때 폐결핵으로 집을 떠나 요양 중이었고, 그런 그의 곁에는 상드라는 미모의 여인이 있었다고 하셨죠? 쇼팽은 향년 39세에 요절했지만 행복했다는 생각이 드네요.

파도는 어태도 슬피 운다

나는 지금 홀로 동해안의 장사 해변을 거닐고 있다. 송도 해변도 북부 해변도 모두 아름답고 칠포, 월포, 화진의 바다도 고적하긴 하지만 여기를 그냥 스치고 영덕의 장사 해변에 차를 세우기를 좋아한다. 거대한 바위에 부서지는 파도 소리를 여기 말고는 영일만 일대에서는 들어 보기가 어려울 것이다.

옛날에 4년 넘어 포항에 머물 때 나는 자주 여기에 왔었다. 혼자서도 오고 누구와 같이도 왔었다.

"바다가 생각날 때 불쑥 포항에 갈 겁니다." 대구에서 어쩌다 나를 만나면 늘 이렇게 말하는 여류 문인이 있었다. 좀 이상하게 들릴지는 모르지만 나는 그 말이 싫지가 않았다. 어느 날 예고도 없이 그녀가 포항에 왔다. 바다를 안내해 달라는 그녀를 장사 해변으로 데려갔다. 산기슭에 개나리가 활짝 피어 있지만 바람 끝이 차가운 사월 초였다.

그날따라 날씨는 우중충했고 성난 파도의 목소리는 높았다. 해변을 얼마간 거닐면서도 여느 때와는 달리 그녀는 통 말이 없었다.

침묵은 이상하게도 사람을 긴장케 하는 모양이다. 술을 한잔 하자고 제의했다. 팔면이 유리로 된 2층에서 도다리 회를 안주로 술을 마시고 파도를 마셨다. 술이었을까, 바다였을까, 그녀로 하여금 가슴을 열게 한 것은……

그녀는 대학 시절 남자 친구와 바로 이날 여기에 왔었다. 저기 산 위에 올라갔다. 바다와 하늘과 구름과 그리고 꿈을 바라보았을 거다. 그들은 서로 깊이 받아들이게 됐다. 그때 주머니에서 동전 몇 닢이 떨어졌는데 그날의 기념으로 그 자리에 묻었다. 사랑의 토우(土偶)가 된 동전이었건만 슬프게도 뒷날에 그 뜻을 잃고 말았다. 더듬더듬 분노처럼 내뱉는 그녀의 사연을 들으며 나는 바다가 생각나면 포항에 올 거라던 그녀의 말을 떠올렸다.

누가 먼저랄 것도 없이 약속이나 한 듯 슬픈 노래를 나직이 불렀다. 더러 함께 부르기도 했다. 그녀는 어깨를 달막대며 흐느꼈고 나는 나대로 울었다. 그녀로 해서 내가 우는 줄로 그녀는 착각했으리라. 파도 또한 무슨 슬픔이 있는가. 저만치서 파도는 어둠을 삼키며 더 슬피 더 절절히 흐느끼고 있었다.

그렇게 한식경은 지났을까. 안되겠다 싶어 기분을 전환시키려고 내가 먼저 말문을 열었다. 아닌 밤중에 홍두깨처럼 '장사상륙작전'을 아느냐고 툭 던져 보았다. 여기가 격전지였다니, 그녀는 놀라는 기색이 완연했다. 그녀는 6·25 때 태어나지도 않았으니 그럴 것이라고 생각되었다.

6·25 때 맥아더 장군은 인천상륙작전을 하루 앞 둔 1950년 9월 14일에 인민군의 시선을 다른 곳으로 돌리려고 이 해변에서 상륙작전을 감행했다. 미처 훈련도 제대로 받지 못한 학도병 772명을 주축으로 구성된 유격대였지만 이들은 9월 19일까지 6일 간의 악전고투 끝에 이 전투에 승리함으로써 인민군의 보급로를 차단하고 인천상륙작전에 결정적인 도움이 되었다고 한다. 이른바 성동격서(聲東擊西)요, 양동 작전(陽動作戰)이었다. 비정규군이었지만 맥아더 장군은 이들을 기리는 친필 비문을 이곳에 남겼다.

"소대장님 노리쇠가 후퇴하지 않습니다."라는 말은 6·25 때 생겨난 말이다. 노리쇠를 후퇴시킬 줄 모르면 총을 쏠 수가 없다. 훈련도 제대로 받지 못했으니 포연탄우(砲煙彈雨) 속에서 그런 단말마(斷末魔)의 비명이 나왔을 밖에. 이 학도병들도 더러 그랬을 것이다.

  이 학도병들은 대부분 지금 내가 살고 있는 대구 지방의 학생들이었다고 한다. 그때 내 나이가 열일곱 살이었으니 내 나이와 엇비슷한 어린 학생들이었다. 6·25 당시 인민군은 어린 병사들이 퍽 많았었는데 여기서 섬멸당한 인민군도 이 학도병 또래의 꽃다운 나이였다고 한다. 나는 깊은 생각에 잠긴다. 내가 때로 고독을 느낀다든가 우수를 머금는다든가 하는 것들이 슬며시 부끄러워진다. 파도는 여태도 슬피 운다.

낙화암 落花巖 에서

천야만야한 낙화암 낭떠러지 아래를 굽어본다. 백마강에는 산그늘이 반쯤 내렸고 조각배며 유람선은 졸고 있다. 바위에 의지하여 제비집처럼 용케도 붙어 있는 고란사는 마냥 고즈넉한데 녹향을 스치는 바람 소리 새소리가 한데 어우러졌다.

정자 한 채가 천하절염인 양 조금은 오연하게, 조금은 도도하게, 낙화암 바위 위에 여섯 모 추녀를 펼치고 사뿐히 앉았다. 백화정이란 현판이 잘 어울린다. 꽃잎처럼 떨어져간 삼천 궁녀의 넋을 어찌 이 작은 정자 하나만으로 다 기릴 수가 있으랴만 후세 사람들이 그냥 있기가 너무 애틋해 정자라도 하나 세우자 했겠지.

일생 동안 임금의 손길 한 번 스치지 않아도 치마끈 한번 풀지 못하고 고독하게 생을 마쳐야 했던 궁녀들은, 두 눈에 핏발 선 적군에 의해 더럽혀지느니 차라리 낙화처럼 하르르 내려앉으려 했겠다. 하지만 막상 낙화암에서 천길 벼랑 아래로 몸을 던지려 할 때 얼마나 무섭고 얼마나 떨렸을까. 그때를 떠올리니 가슴이 저려 온다. 그 슬픈 낙화의 의미를 오늘날의 시각으로는 어떻게 헤아려야 할지 나는 알지 못한다.

고란사 아래 샘물이 솟아난다. 나를 보조하는 어린 여자와 나는 서로 물그릇을 양보하느라 작은 소요를 피운다. 이 광경이 뭐가 좋은지 저만치서 한 동료가 급히 카메라를 들이댄다. 물을 마시고 난 그녀가 나를 보며 배시시 웃는다. 웃음이 딴 사람한테 들킬까 봐 얼른 손등으로 입을 가리고 얼굴을 돌린다. 아, 나는 의자왕이 되었으면 좋겠다. 삼천 궁녀가 다 무슨 소용인가. 그 가운데 초선(貂蟬)이나 왕소군(王昭君) 같은 천하의 우물(尤物)이 왜 없었겠나, 그 하나면 되는 것을.

천하의 우물이 누구였던가? 백마강을 굽어보니 유유히 떠 있는 배들은 무슨 말이라도 있을 리 없고 저멀리 흰 구름만 무심히 흐르고 있다. 낙화암에 얽힌 삼천 궁녀 이야기는 후세 사람들이 꾸며낸 설화일 뿐 역사적 사실이 아니라고 한다. 그렇다 하더라도 오늘날의 실사(實事)인 듯 사람의 가슴을 이리도 아프게 하는 까닭이 뭘까. 차마 떠나기가 서운하다.

우웅, 우웅 범종 소리가 등 뒤에서 울려온다. 아마도 고란사의 종소리일 게다. 텅 빈 가슴에 어쩐지 슬픈 메아리로 울린다. 좋은 구경했다면서 일행은 떠들썩하지만 나는 말이 싫다. 내 곁을 따르던 어린 여자는 날 보고 어디 아프냐고 조심스레 묻는다. 초선이며 왕소군의 뺨을 치고도 남을 이 여자는 오늘 하루 종일 내 곁에서 무슨 생각을 하고 있었을까.

벤치를 지킨 선수

당초의 계획을 바꿔 몇 시간 앞당겨 빈에 내렸다. 이른 새벽이었다. 빈에서는 비행기만 갈아타는 걸로 돼 있으나, 우리는 아침 몇 시간이 아깝기도 하거니와 공항에서 그냥 보내기에는 무료할 것도 같아 빈 시가를 한 바퀴 돌아보기로 했다.

모차르트, 베토벤, 슈베르트 등이 묻혀 있는 묘지를 둘러보고 난 후 아침 식사를 하려고 식당에 도착해 보니 식당 주위에 사우나 간판이 보였다. 유럽 여행에서 사우나 한 번 제대로 못하고 열흘을 넘긴 일행은 눈이 번쩍 뜨이는 모양이었다.

"여긴 혼탕인데요."

빙그레 웃음을 흘리며 대수롭지 않게 툭 던지는 가이드의 이 한 마디가 처음에는 믿어지지 않았던지 일순 침묵이 흘렀지만 이윽고 그 파문이 대단했다. 이게 웬 떡이냐는 둥, 베토벤이 고국을 떠나 여기서 살다가 여기서 생을 마친 것은 스승 모차르트가 좋아서였다는 가이드의 말이 말짱 거짓이라는 둥, 국제회의가 여기서 자주 열리는 것도 알조라는 둥 일부러 억지소리를 해 가면서 혼탕에 가야 한다고 눈빛을 번득이는 젊은 축과, 고국의 아내를 생각하는지 애써 무표정하게 관광이나 더 하자는 노틀 축으로 편이 갈려 찌그럭거리고 있었다. 일행은 남자뿐인 데다가 30대에서 50대까지 뒤범벅이 되었으니 좀 시끄럽겠나. 이 여행에서 나는 단장이라는 책무를 맡았지만 섣불리 나의 의견 같은 걸 말하기보다는 잠자코 있는 것이 상책이다 싶었다. 가이드는 달랐다. 지금 목욕탕에 가 봤댔자 젊은 여자들은 일터에 나가고 늙은 여자와 아이들뿐이라고 했다. 은연중 관광 쪽으로 몰고 가려는 눈치다. 외국여행에서 흔히 겪는 일이지만, 안내를 한답시고 단골집 상품 안내에 열을 올리는 것도 그들의 하는 일이고 보면, 자칫하면 쇼핑 시간도 없겠다 싶었던 모양이다.

 결국 혼욕은 말로만 하고 말았지만 아쉬움을 남긴 일행이 한둘이 아니었으리라. 아내와 같이 사우나에 가면 친구도 그 부인과 같이 알몸으로 만나게 된다든가, 사무실 여직원과 같이 혼탕에 가는 것도 예사라든 가, 듣기조차 낯간지러운 말들이 어쩌자고 아직도 귀에 쟁쟁해서, 그때 의 보름 동안의 유럽 여행과 한 번의 혼욕을 맞바꾸자고 한다면 쉽게 거 절 못할 것 같다는 어느 일행의 말이 잊히지 않는다.

나는 이다음에 일주일쯤 빈에 가서 아낼랑 호텔에 감금시켜 놓든지 하고 그 일주일을 몽땅 사우나탕에 들어박혀 보면 참 좋겠다는 생각도 해보는 것이다.

우리는 이보다 앞서 빠리에서 마지막 날 밤에 나체쇼를 본 적이 있었 다. 두 패로 갈리어 각각 다른 쇼를 보았던 것인데, 각양각색의 미희가 현란한 불빛 아래 미친 듯 춤을 추며 거침없이 드러내 보이는 수백의 젖 가슴을 보았노라고 옆방이 떠나갈 듯했지만, 끌어안아 보았다든가, 키 스를 당했다든가 하는 말이 없는 걸로 보아 우리 쪽이 본 것만큼은 본격 적이지 못했던 모양이다.

교실 하나 넓이가 채 안 되는 작은 공간에서 벌어지는 광경이란 문자 그대로 스릴과 서스펜스였다. 나체와 나체 섹스와 섹스 그런 것들이, 공 문(空門)에 든 적이 없건만 이 속인을 너무도 쉬이 무아(無我)에 이르게 했다.

시쳇말로 콧대가 높은 여자를 뭐에 금테 둘렀느냐고 하지만 정말 금테를 두른 여자를 보았다. 부위가 부위인 만큼 구리는 아닌 것 같고 황금이 분명했다. 성냥개비 굵기만한 황금 철사로 그곳을 뺑 둘러 홈질해 놓았으니 금테 두른 여자임에는 틀림없겠는데, 콧대가 높긴커녕 벌거벗고 관객의 품으로 기어들고 있었으니…….

우리는 빠리의 나체쇼에서 질식하다시피 했지만 해보지 못한 빈에서의 혼욕만큼은 여운을 남기지 않는다. 관객이기보다는 연기자가 되고 싶었던 것 같다.

연기자가 되고 싶었던 적은 이것뿐이 아니었다. 로마에서의 마지막 밤이었다. 태극기를 꽂으려 나간다며 술렁거렸다. 그 말은 외국 여자와 관계를 갖는다는 뜻이다. 단장이 안 나가면 말이 되느냐고 대들다시피 했다. 이번 여행에서 나는 처음으로 정색하고 단장으로서 한마디 했다. "혹 잘못되더라도 단장이 그런 것을 안했다면 단장이 나서서 변명이라도 할 수 있겠지만 단장마저 그러다가 무슨 일이 생기면 나라 망신이 아니겠느냐?" 이 말은 한낱 핑계에 불과했지만 모두가 잠잠해졌다. 고마워하는 눈치도 보였다. 핑계를 대는 나의 가슴속을 누가 알겠는가. 나도 잘 모른다. 다만 고국의 한 여자의 얼굴이 떠올랐을 뿐이다.

호텔에서 혼자 남아 텔레비전을 보았다. 말을 알아들을 수는 없지만

축구·농구·배구·탁구·골프 등에 대한 해설을 하는 모양이었다. 그까짓 구멍에 공 넣는 짓이 뭐 그리 신이 날까. 갑자기 밖이 떠들썩하다. 경기를 끝내고 벤치로 돌아오는 운동선수들인가?

이별

딸아이가 '달룡'이란 이름을 가진 강아지를 얻어 와서 삼 년을 키우다가, 모녀가 짜고 나 없는 사이에 없애버렸다. 없애버렸다는 그 말을 듣는 순간 나는 그 자리에 퍽 주저앉아 일어서질 못했다. 갑자기 혈압으로 쓰러졌나 싶어 모녀는 깜짝 놀라 달려왔다.

달용이가 간 곳은 남쪽 저 멀리 월출산 아래라고 한다. 젊은 부부의 고급 승용차를 타고 간 모양이다. 마당도 아주 넓고 이미 개도 한 마리 있는 집인데, 개를 두고 두 아이가 서로 차지하려고 다투어서 한 마리 더 구할까 싶어 인터넷을 살펴보게 됐다고 하더란다. 그런 말을 듣고도 마음이 놓이지 않아 오래오래 키워 달라고 신신당부를 했더니 달룡이가 보고 싶거든 언제든지 놀러오라며 전화번호를 알려 주더라고 했다.

팔려간 것은 아니지만 달룡이도 얼마나 슬펐을까. 성리학자들은 이른바 '인물성동이'(人物性同異)라 하여 인성과 물성이 같다느니 다르다느니 하고 다투었지만 나는 그런 걸 잘 모른다. 달룡이가 나를 좋아했다는 것만 알 뿐이다. 딸아이를 제일 좋아하고 그 다음이 나였다. 딸아이를 더 좋아하는 것은 목욕도 시켜 주고 데리고 외출도 했기 때문인 것 같았다. 딸이 시집을 간 뒤로부터는 그 정이 나한테로 쏠렸다. 좋아하는 데도 차등을 두고 상황에 따라서 변하는 것은 흡사 사람 같았다.

달룡이는 참 불쌍하게 살았다. 강아지 적부터 송아지만하게 될 때까지 쇠줄에 목이 늘 매여 지냈다. 어쩌다가 풀어주면 껑충껑충 뛰면서 어쩔 줄을 몰랐다. 그런 모습이 매여 있을 때보다 더 안됐었다. 집 안 구석구석을 몇 차례 헤매고 다닌 뒤 현관 가까이에서 안을 들여다보며 늘 그렇게 앉아 있었다. 그것이 제 소임을 다하는 거라고 생각하는 것 같았다.

달룡이는 맹인 인도견이라고 했다. 그래설까, 달룡이는 참으로 순했다. 잠시도 혼자 있지를 못하고 사람한테 너무 붙따랐다. 내가 2층에 올라오면 따라와서 한 시간이고 두 시간이고 밖에서 앞발을 죽 뻗고 나를 기다리든가, 아니면 어디 갔다가도 내가 나오는 기미를 용케도 알고 달려와서 미안하다는 듯이 꼬리를 흔들었다. 내가 먹이를 주면 한두 번 먹이를 입에 넣다가 말고 고맙다는 듯이 한참씩 나를 쳐다보았다. 내가 화를 내면 목을 길게 빼고 그 큰 귀를 축 늘이고 젖은 눈을 멀뚱거렸다. 화를 내어도 토라지지 않으니 속 좁은 사람보다 낫다고 생각되었다.

달룡이가 차를 타자마자 내 딸과 아내는 거들떠보지도 않고 새 주인 아주머니한테 안겨서 꼬리를 흔들고 온갖 애교를 부리는 꼴이 얄미웠단다. 얄밉다니, 새 주인 곁이 얼마나 서먹서먹하고 불안했으면 그 녀석이 그랬을까. 그때의 장면을 상상해 보면 나는 아직도 가슴이 아리다.

달룡이를 보내고 계절이 한 차례 바뀌었을 무렵, 내가 사료 한 부대를 샀다. 월출산으로 간다고도 하지 않았는데 뜻밖에도 아내와 딸이 너도 나도 따라나섰다. 달룡이는 우리를 보자마자 끙끙거리며 어쩔 줄을 몰랐다. 사람을 알아보는 듯했다. 눈물이 핑 돌았다. 나는 내내 속으로 울면서 왔다.

개의 수명은 얼마 되지 않는다고 한다. 달룡이 나이가 올해로 몇인가. 아홉 살이 아니면 열 살이지 싶다. 아마도 이 사바를 떠났을 것 같다.

글쎄 여기서 월출산이 어디라고, 나는 가끔 멍하니 남녘 하늘을 바라보곤 한다. 옛날 그 사람은 나를 개만큼도 여기지 않았었는가.

화차 火車

나는 『천자문』을 배울 무렵부터 할아버지를 따라 기차를 화차라고 했다. 먼 철둑길 모퉁이를 박차고 화통에 하얀 연기를 토해 내며 소리치고 달려오는 화차를 바라볼 때면 화차 대가리 속에 뭐가 들었을까, 그것이 궁금했다.

나는 중년이 되어서 또 다른 화차를 하나 보았다. 짤따랗고 몽탕하고 새카만 모습이, 높은 소리를 내는 모습이, 연기처럼 일렁이는 하얀 손수건이 모두 화차 대가리였다. 이름하여 루치아노 파바로티.

무대 위에 나타날 때면 언제나 왼손 손가락 사이에 끼우고 나와서 팔을 벌리기도 하고 흔들기도 했던, 땀을 닦기도 했던 파바로티의 하얀 손수건. 그 손수건만큼이나 밀접한 사이였던 파바로티의 개인 여비서 니

콜레타 만토바니를 기억하는 사람은 아직 많다.

1993년, 대학생이었던 만토바니가 용돈을 벌어 보겠다고 파바로티의 신변에서 아르바이트를 하게 되었을 때 그녀는 스물세 살이었고 파바로티는 쉰아홉 살이었다. 아무리 파바로티가 눈부셔 보인다 하더라도 서른여섯 해나 연상인 늙은이에게 어린 그녀가 무슨 딴 마음이 들었겠는가. 게다가 그녀는 오페라를 좋아하지도 않았고 음악 팬도 아니었다고 한다.

파바로티와의 첫 만남에서 만토바니가 인사를 했을 때 파바로티는 인사를 받지 않았다. 사실은 만토바니의 음성이 너무 작아서 파바로티가 알아듣지 못한 거지만 그런 줄을 알지 못한 그녀는 몹시 화가 났다. 남녀 사이란 게 참 이상하지, 파바로티가 따뜻하게 대해 주자 그 노여움은 사랑으로 바뀌었다고 한다. 한 번 기울어진 그녀는 파바로티 화차의 화실(火室)에 석탄이 되어 불탔다. 세상이 떠들썩했다.

한편 1961년에 결혼한 파바로티의 본처 아두아 베로니는 파바로티의 타고난 황음(荒淫)의 바람기는 잡기가 어렵겠다고 일찌감치 체념해 버렸던지, 주로 남녀의 애정을 다루는 오페라에 출연하여 여자들 속에 묻혀 지내는 파바로티의 직업 때문에도 어쩔 도리가 없는 일이다 싶었던지,

98

가정의 평화를 위해서였던지, 오랜 세월 파바로티 주위의 여비서들이며 여자 가수들과의 숱한 스캔들을 알고도 눈감아 주었다. 그러나 만토바니와의 관계만은 언론에 너무나도 크게 보도되었기 때문이었는지 그 부인은 2000년에 파바로티와 헤어지고 말았다.

  기다렸다는 듯, 삼년 뒤 2003년 12월 13일에 만토바니와 파바로티가 결혼식을 올려 또 한 번 세상의 매스컴을 떠들썩하게 했다. 두 사람이 만난 지 십년, 만토바니는 서른세 살이었고 파바로티는 예순아홉 살이었는데 생후 11개월 된 딸이 있었다. 그러나 결혼한 지 4년도 못 되어 파바로티가 죽었다. 2007년 9월 4일이었다. 화차가 증기를 내뿜으며 흡사 탄식이라도 하듯 푸우, 하고 이름 모를 어느 철둑길에 멈춰서고 말았다고나 할까. 누가 이 화차에 돌을 던질 것인가?

  나는 지금 팔공산 꼭대기에 올라왔다. 눈보라가 휘몰아치고 있는 팔공산 동봉. 병을 고친다면 눈보란들 마다하겠나. 맥을 짚던 한의사가 이것저것 묻더니 내 병을 이십년도 넘은 아주 오래 된 심화라 했다. 심화가 뭐냐고 물었더니 화병이라 했다. 이십년이 넘은 병이라니, 이제 나는 죽는구나 싶었다. 등산을 하면 입맛이 돌아오고 답답한 가슴도 트이게 된다기에 설경도 볼 겸 나섰던 거다. 이번이 세 번째인데 두 번은 이십년

전이다. 그때나 지금이나 혼자 왔다. 이번이 마지막이 되지 싶은 생각이 들어 이를 악물고 더러는 엉금엉금 기어오르기도 했다. 옛날 중앙선 화차가 미끄러졌다가 기어오르고, 미끄러졌다가 기어오르길 몇 차례나 반복하며 똬리굴을 돌고 돌아 죽령을 넘던 그때가 생각나서 피식 웃기도 했다.

눈을 쓸고 바위에 앉았다. 땀이 마르고 나니 몸이 오싹하다. 바람 끝이 맵다. 어디선가 새소리가 난다. 이 엄동설한에 이렇게 높은 산꼭대기에서 저 미물들이 하는 말이란 뭘까. 그리움일까, 원망일까, 눈물일까. 나 또한 나직이 뇌어 본다. "만토바니 만토바니……." 괜히 눈물이 핑 돈다. "만—토—바—니—" "만—토—바—니—" 몇 번이고 몇 번이고 목이 터져라 외쳐 본다. 나는 영락없는 화차이건만 이런 줄을 누가 알까. 저승의 파바로티가 알까. 이승의 만토바니가 알까. 인물로 따진다면 만토바니보다 백배 더 나은 옛날의 그 사람이 알까. 그 사람, 만토바니에 덧놓이는 그 사람.

나는 눈을 툭툭 차며 공연히 화가 나 있다.

꽃뱀일까

대학에서 나의 강의를 들은 적이 있는 한 여학생한테서 어느 날 전화가 걸려 왔다. 항상 맨 뒷줄 구석에 앉았지만 결석을 한 번도 하지 않고 공부 또한 잘했기에 눈여겨보았던 터라 이름을 듣고 금방 알아차렸다. "애들이 선생님 강의를 못 잊는대요."라고 했다. 자택으로 찾아뵙는 것이 도리이오나 우선은 시내에서 뵙고 싶다고 했다. 한낱 강사였던 나를 깍듯이 대해 주니 선생 노릇 할 만하다 싶었다. 다방도 좋고 호텔도 좋다고 그 학생은 말했지만 나의 의견에 쫓아 어느 문방구점에서 만났다. 점심을 먹으려고 학생이 원하는 대로 피자집에 갔다.

그 학생은 행색이 퍽 초라했다. 어디 아프냐고 물었더니 아버지의 사업이 망하는 바람에 자신은 집을 나와 객지에서 홀로 지낸다고 했다. 어제 집에 다니러 왔다가 지금 가는 길이라고 했다. 아르바이트를 하면서 공무원 시험공부를 하고 있는데 방세도 내지 못해 고민이라고도 했다. 안 듣기만 못하고 안 만나기만 못했다. 헤어질 때 세어 보지도 않고 지갑에서 집히는 대로 집어주었다.

불과 며칠 뒤였다. 징징 우는 목소리로 그 학생한테서 전화가 걸려 왔다. 교통사고로 남의 차를 망가뜨려 상황이 매우 급박하다고 하면서 돈을 꿔 달라고 했다. 그렇게 많은 돈이 필요하냐고 했더니, 고급 외국제 차인데다가 온갖 위협으로 으르딱딱거려 무서워 죽겠다고 했다. 사제 지간이긴 하지만 남녀 사이이기도 하니 학생의 부모한테 물어 봐서 꿔 주라고 하면 꿔 주겠다고 했더니 부모님과 싸우고 집을 나왔다면서 절대로 연락할 수 없다고 했다. 그렇다면 언니라든지 다른 가족을 대라고 했더니 잠시 후 다시 전화로 자기 언니의 전화번호를 알려 주었다. 형부는 변호사라고 했다. 그렇다면 언니한테 꾸면 되지 않겠느냐고 했더니 신출내기 변호사라 아직 자리도 잡히지 않았을 뿐만 아니라 이미 언니한테 꾼 돈을 갚지 못하고 있는 형편이라 했다. 학생의 언니한테 전화를 했더니 그녀가 하는 말이, "선생님한테까지 그런 부탁을 했군요."

라고 했다. 음성이 이상하게도 그 학생과 똑 같았다. 어딘지 미심쩍은 데가 없진 않았지만 설마하고 돈을 온라인으로 부쳤다.

옛날만 싶어 사제지간을 부자지간처럼 생각한 것이 착각이었고, 'A학점'을 받은 학생이라고 해서 너무 믿었던 것이 어리석었다. 기한을 반 년이나 넘기고도 미루적거리는 어린 제자를 상대해서 늙은 선생이 돈을 받아 내겠다고 이러쿵저러쿵 얼굴을 붉히는 것이 모양새가 좋지 않다 싶고, 진작 포기하는 것이 신상이 편할 것 같아서 잘 먹고 잘 살라고 해 버렸다.

1963년, 추운 겨울날이었다. 서울의 성동역전에서 나는 한 나흘 밤 투숙할 요량으로 조금 한적하다 싶은 한 여관을 골라 들었다. 'ㄷ' 자 모양의 한옥이었지 싶다. 공부를 좀 해야 할 처지였는데, 얼지 않게 하려고 일부러 틀어 놓은 마당의 수도꼭지에서 떨어지는 물소리도 문제였지만 그 물소리에 이따금 섞여 드는 이상야릇한 신음 소리 때문에 도무지 책을 볼 수가 없었다. '연방 들고나는 옆 방 사람들은 모두 환자인가.' 또 한 쌍이 들어오는가 싶더니 "화장실 갔다 올게요."라는 여자 음성이 들렸다. 이윽고 바깥이 시끄러웠다. 쾅쾅 화장실 문 두드리는 소리가 났다. "내 돈, 내 돈."하는 사나이의 숨넘어가는 소리가 들리더니 대문을 걷어차고 화닥닥 달려 나갔다. 뛴 여자를 붙잡으려고 쫓아가는 모양이었다.

   그 옛날 여관에서 뛴 그 여자는 아마도 논다니였을 것 같다. 받은 해웃값이 얼만지는 모르지만 나는 그 여자가 어쩐지 밉질 않았다. 지금 생각해 봐도 웃음이 나올 뿐이다. 그런데 내 돈을 떼먹은 그 여자는 밉다. 속은 사람의 입장에서 본다면 전자의 동기는 쾌락이었지만 후자의 동기는 연민이었기 때문이다. 연민을 배반하다니 그녀의 장래가 걱정이다.

응숭

바람만바람만 당신을 좇아 얼마를 걸었던가?

당신은, 저의 많은 원고를 또박또박 원고지에 옮겨 써 주기도 하셨고, 퇴고 과정에서 글을 소리 내어 읽어 주기도 하셨습니다. 「책연기」라는 글을 보시고는 거짓말 같다며 웃기도 하셨고, 「산방일몽」이란 글을 보시고는 혼자말로, "이 글 쓰면서 마음이 아팠겠다."라고도 하셨지요. 그때 저를 바라보시는 당신의 눈에 하나 가득 담겨 있던, 눈물과도 같은 연민의 정을 제가 어찌 잊을 수가 있었겠습니까?

소식 모르고 살 때에는 다시는 못 볼 줄 알았는데 십 년이 훨씬 지난 뒤에 이렇게 만나다니요. 꿈같아요.

창문을 열면 / 머언 / 산 봉우리가 / 우르르 / 내 방으로 / 들이닥치고 / 눈감으면 / 가슴 그득 / 그대뿐이네

　이런 푸념 같은 걸 시라 할 수 있을까요? 당신 생각이 날 때 그저 염불처럼 많이도 중얼거렸던 말일 뿐입니다. 저의 휴대폰의 컬러링이 되었던 차이콥스키의 「안단테 칸타빌레」며 「동심초」 같은 애절한 음악을 듣기도 했었죠. 제가 뭘 잘못했는지 곰곰이 생각해 보기도 했고요.
　하지만 우리가 다시 만났다고는 해도 저의 원고를 정리해 주시고 글을 평해 주시던 당신의 그런 자유로운 모습을 다시는 볼 수 없겠군요. "우리는 갈 길이 서로 달라서요." 그 옛날 당신의 편지에서 저를 눙치듯 한 당신의 이 말씀이 오늘따라 왜 이리도 저의 가슴을 새삼스레 아프게 하는지…….
　어떤 이는 저의 글에서 알퐁스 도데적인 분위기가 느껴진다고 합니다. 황공하게도 그것이 사실이라면 저의 글이 더러는 소설적 구조인 데다가 어느 정도 슬프게, 어느 정도 아름답게, 어느 정도 리얼하게 보여서 그런지는 모르겠습니다. 이것은 제가 문재(文才)가 있어서가 아니라 오랜 세월 저의 가슴속에 뭉쳐 있는 염증과도 같은 우수 때문일 거예요.
　꿈에서라도 한 번 당신과 제가 바꾸어 태어났으면 좋겠어요.

바람이 많이 불던 날

바람이 많이 부는 가을날이었다. 플라타너스 낙엽이 휘날리는 어느 공원 옆 한길 가에 우두커니 서 있었다. 누가 내 어깨에 손을 살짝 얹기에 돌아보니 플라타너스 낙엽이었다. 낙엽이 아니라 바람이 아닌가. 바람은 놓치고 그 낙엽을 가만히 주었다. 그때, 저만치서 한 묘령의 여자가 큼지막한 누런 봉투 서너 개를 들고 걸어오고 있었다. 어깨가 비딱해진 것이 퍽 힘겨워 보였다. 울면서 길을 걷고 있었던지 가까워지자 손등으로 눈물을 닦으며 더 흐느껴 울었다. 그 눈빛이 내게 뭔가를 간절히 호소라도 하는 듯 했다. '백주 대로에 다 큰 처녀가 앙앙 울면서 길을 걷다니…….'

왜 우느냐고 물어 보았다. 답이라고 하는 말인즉슨 같잖은 오만이었다. 직장 사람들이 자기한테만 심부름을 시킨다는 거였다. 분을 삭이지 못하는지 울면서도 계속 숨을 할딱거렸다. 아버지는 얼굴도 모를 때 타계했고 포장마차를 하는 어머니, 남동생, 세 식구라고 했다. 찻잔만 만지작거리며 묻는 말에 답을 할 뿐 얼굴은 어딘가 냉소를 띠었지만 청순가련하기 그지없었다. 그 냉염(冷艶)은 이미 세상을 다 알아버렸다는 도도한 태도가 아닌가 싶었다.

  한없이 청초한 애리애리한 자태에 등을 뒤덮은 산발한 적발이라니, 담탕(淡蕩)히 흐르는 이국정취가 요기스러웠다. 머리털을 간신히 헤집고 드러난 갸름한 얼굴에 어리는 복사꽃 빛이 예사스럽지가 않았다. 눈물이 글썽글썽한 쌍꺼풀진 커다란 눈은 알 수 없는 슬픔을 머금었고, 늘 찡그리는 양미간에는 깊은 우수의 그림자가 드리워져 있었다. 장수는 목이 없고 미인은 어깨가 없다는 말 누가 했더라, 학처럼 가느다란 긴 목에서부터 처진 듯 조붓한 어깨를 타고 흘러내리는 곡선은 꿈처럼 몽롱했다. 조금 미숙한 듯한 그 곡선은 아래로 내려가면 전혀 예상을 깨고 손가락으로 살짝 건드리기만 해도 물이 질퍽해질 듯, 잘 익은 수밀도가 되어 있을 것만 같았다.

  만난 지 햇수로 팔 년 만에 그녀는 무단히 소식을 뚝 끊어 버렸다. 그때는 아직 휴대폰이 나오지 않았을 때라서 사무실로 전화를 해보았더니 어떤 사내가 당장 덤벼들 듯이 퉁명스러운 말투로, 퇴직했다고 했다. 갑자기 발아래가 푹 꺼지는 듯했다. 긴가민가했지만 찾아가 본다든가 하지는 않았다.

스쳐간 인연이려니 했다.

세월이 흘러 열두 해 만에 연말이 가까운 십이월 어느 날 그녀한테서 전화가 왔다. 순간, 이상하게도 숨이 턱 막혔다. 아무개 맞느냐고 다시 한 번 확인했다. 퇴직하지 않았으면서 왜 거짓말을 했었느냐고 했더니 자기는 전혀 모르는 사실이라고 했다. 직장이 보험회사가 아니지만 가끔 보험설계사 업무를 해야 한다며 은근히 에둘렀다. 모호한 말투는 조금도 변하지 않았다.

그녀를 데리고 어느 한적한 일식집에 들어갔다. 그녀는 뜻밖에도 다음을 기약하는 말부터 꺼냈다. 대략 한 달에 한 번 꼴로 만나자고 했다. 내가 하고 싶었던 말이 아닌가. 꼭 꼬집어 주고 싶었다. 이윽고 그녀는 어떤 여자 얘기에 여념이 없었다. 다음부터는 셋이서 만나자느니, 둘이서는 만나지 않겠다는 말이 아니라느니 했다. 비틀어 주고 싶었다.

그녀의 부탁거리에 대한 서류를 작성하려고 그녀가 식탁을 둘러 내 곁으로 왔다. 나의 인적 사항을 받아쓰면서 그녀의 왼손 손끝이 두어 번 내 오른손 손등 살갗에 가볍게 스쳐 몸이 옹송그러지도록 자리자리했다. 아까 서운했던 마음이 일시에 확 풀렸다.

자리를 파하고 바깥에 나오니 추적추적 비가 내렸다. "아, 비오네." "저도 비가 좋아요." 쓸쓸한 겨울 비! 올 때처럼 그녀의 자그마한 승용차 옆자리에 앉았다. 차 안은 어둡고 적막한데, 희미한 가로등 불빛이 유리창에 흐르는 빗물을 핥고 있었다. 그녀는 미처 라이트를 켜지 못했다. 열쇠를 꽂았지만 손은 떨고 있었다.

세월은 또 한참이나 흘렀다. "할아버진 무슨, 아저씨지." "저도 젊진 않잖아요?" 배시시 웃으며 던지는 이런 말은 사람을 설레게 했고, 두 손으로 공손히 잔을 받드는 섬섬한 자태가 술보다 더 사람을 취하게 했다.

취한 사람을 그녀는 노고지리 개 속이듯 번롱(翻弄)했다. 붉은가 싶으면 노랗고 노란가 싶으면 파랗고 파란가 싶으면 하얬다. 그녀는 늘 바람에 날리는 낙엽이었다고나 할까. 플라타너스 낙엽.

바람이 본디 정한 곳이 없거늘 어찌 낙엽의 심사를 매어 둘 수 있었으랴! 한갓되이 세월만 저 홀로, 흐를 대로 흘렀다.

바람이 많이 부는 가을날이다. 지향 없이 뒹굴던 플라타너스 낙엽이

차바퀴에 휘감긴다. 참 스산하다. 아까부터 바람이 거세진다 싶더니 갑자기 미친 듯이 휘몰아친다. 이쪽으로 걸어오던 한 여자의 짧은 치마가, 우산이 바람에 훌렁 뒤집히듯 한다. 순간, 옛날의 그녀가 이 여자에 오버랩되면서 치마가 훌렁 뒤집힌다.

제4편

만고심(萬古心)
치매
상좌시(床座施)
수련(睡蓮)
탈출구(脫出口)
한 풀이 향기로우면

만고심 萬古心

오라는 데도 없고 갈 데도 마뜩잖아 지팡이를 벗하여 진종일 팔공산 기슭에서 사람 구경이나 하다가 지금은 석양이 비끼는 금호강 강변에 긴 그림자를 데리고 우두커니 허사비처럼 서 있다.

귓가에 손을 대고 가만히 귀를 기울여 보지만 강물 또한 냉담하기가 젊은이와 같아 내 손이 부끄럽고, 낙조가 비끼는 먼 강줄기는 끝 간 데가 침침하니 누굴 탓하랴! 무슨 꿍꿍이로 웬 호텔이 강물을 굽어보고 섰는데 물을 차는 물새는 뭣 때문에 저리도 바쁠까. 저쪽 강변에는 조각배가 혼곤히 잠들어 세상만사를 잊었고 아득한 팔공산 연봉엔 무슨 미련이라도 남았는지 잔설이 시치미를 뚝 떼고 눌러앉아 있다. 유원지라지만 퀴퀴한 물 냄새만 해빙이 되어 더할 뿐 아직은 한산한 이 '동촌'의 강변. 툭 트여 좋다 할지 모르나 쓸쓸하다 할까 애잔하다 할까 허허로운 분위기가 조금은 서럽다고 할까.

이 강에 나오니 옛날 생각이 난다. 1966년, 내가 처음으로 취직을 해서 살림이랍시고 단간 셋방에 막 둥지를 틀었을 무렵에 내가 좋아하는 한 어른이 대구로 나를 찾아왔다.

그분이 먼저 한데로 나가 보자고 했다. 콧구멍 같은 남의 신접살이 신혼 부부의 방에서 옷도 안 벗고 하룻밤을 새우고 나니 좀 답답했던 모양일까. 같이 이 강에 나왔다. 수사강(洙泗江) 강변을 거닐며 공자님 생각을 해 보기도 하고 석가며 예수의 유적을 찾아 인도며 유럽 등지로 가보았으면 참 좋겠다고 그분은 꿈같은 말을 했다. 외국여행을 할 만한 경제적 여유도 없었지만 외국여행이 지금만큼은 자유롭지 못하던 시절이었다.

두 번 건너뛴 띠 동갑이지만 그분을 대하면 나는 늘 한동갑 같았다. 농촌에서 양복 입은 오십대 육십대를 만나기란 오늘날 한복 입은 이십대를 만나기보다 더 어려웠던 그 시절에 그분은 늘 양복을 입고 모자는 쓰지 않았다. 턱이 파랗게 수염을 깎고 향수 냄새를 풍기며 바람처럼 동에 번쩍 서에 번쩍 강호를 주름잡았다. 사람들은 축지법을 쓰는 모양이라고 숙덕거렸다. 사자 같은 얼굴은 늘 미소를 잃지 않았고 괄괄하고 시원시원했다. 가끔 유성기를 틀어 놓고 이상한 소리를 곧잘 따라 했다. 근엄하고 과묵하며, 갓을 쓴 수염이 긴 나의 아버지의 조용한 자태와는 너무나 대조적이었다.

일제 말엽에 징용을 피하려고 아버지와 더불어, 무슨 비결에 피난지로 나와 있다는 우복동(牛腹洞)인가 하는 동네를 찾아 헤매다가 앞산이 턱을 괴는 어느 산골로 이사를 해서는 한동안 한집에 살았고, 양식을 늘이려고 더불어 산나물을 뜯기도 했다. 안팎이 한 식구처럼 지내며 늘 우리 집 발이 되고 바람막이가 되어 주었다.

마침내 일제는 패망했지만 남북이 갈라지고 세상이 온통 뒤숭숭할 무렵 그분은 무슨 잘못이 있었는지는 모르지만 그 밝던 얼굴에 늘 수심이 가득했다. 십리허에 살면서 밤으로만 우리 집에 오시곤 했다. 이때 아버지의 권유로 그분은 부여로 한 이인(異人)을 찾아갔다. 한동안 소식을 몰라 궁금했는데 세상이 안정되자 어느 날 그분이 바람처럼 나타났다. 전처럼 웃음을 되찾게 되었지만 사람이 좀 이상해졌다. 툭하면 입에서 한문 문자가 술술 나왔다. 온 방안에 글씨를 써 붙여 놓고 소리 내어 무슨 글을 읽기도 하고 눈을 감고 바위처럼 꿈쩍도 않고 가만히 앉아 있기도 했다.

아버지도 그 어른도 다 세상을 떠난 지가 오래다. 1910년, 한일합방이 되던 해에 태어나 일생을 전란에 시달리며 우환의 세상을 살았던 불우했던 그분들. 첩첩산중에서 같이 산나물을 뜯으며 때를 기다리던 그 시절이 이제 와서 내가 뭘 좀 알게 됐는지 사무치게 그립다.

입속으로 그분의 이름을 뇌어 본다. "이○○ 목사. 이○○ 목사……." 내 앞에선 성경 말씀은 한 마디도 하지 않고 공자가 뭐라고 말했다느니 맹자가 또 무슨 소릴 했다느니 했다. 내 귀에 '모따나 모따나'라고 들리는 걸 보면 틀림없이 염불도 했던 것 같다. 스스로는 늘 목사가 아니라 '잡사'라 했다.

"잡사, 잡사,……" 그때는 킬킬 웃음이 나오던 이 말을 이제 와서 입속으로 가만히 뇌어 보면 나는 더 외롭고 슬퍼진다.

젊어 청춘 좋은 그때 엊그젠 줄 알았더니 오늘 보니 늙었구나.……안으로 들어오면 아내조차 상관없고 ……세월아 있거라, 팔도 호걸이 다 늙는구나. ……어화 저 세상아, 허망한 일이 여기 있지…….

유성기를 틀어 놓고 그분이 따라 하던 이 소리, 판소리 명창 이동백이 부른 「단가 백발가」를 오늘은 내가 흉내내어 본다.

이동백의 나이 진갑을 넘긴 이듬해(1928)에 했다는 녹음이 웬일로 영락없이 병든 노인 숨넘어가는 소리다. 끊어질 듯 끊어질 듯 힘겹게 꺾어지는, 마디마디 서러운 이동백 노야의 「백발가」를 들으면 듣고 또 들어도 들을 때마다 나는 눈물이 난다. 어디선가, 걸걸하던 그 목사 어른의 음성이 들리는 듯하다.

멀리 팔공산이 어둑하고 금호강에 황혼이 깔린다. 조각배는 강기슭으로 다 돌아가 조신하게 매여 있고 물새들도 어디론가 돌아가고 있다. 어화, 저 물새야! 사공의 뱃노래를 네가 들었더냐? 그 소리 그리움이더냐. 근심이더냐? 망령되이, 사람의 만고심을 새한테 묻는구나!

나직이 「백발가」를 불러 본다. 이 노래를 사공이 부르면 애애성(欸乃聲)이 되겠지.

치매

　오십대 중반 때였다. 건강에 좋다며 어느 친구가 춤을 배워 보지 않겠느냐고 했다. 특히 치매를 예방할 수가 있다는 말에 귀가 솔깃했지만 답은 않고 그냥 웃기만 했다.

　그날 밤 그 친구에 이끌려 춤추는 곳에 갔다. 나 혼자 앉혀 놓고 그는 어떤 젊은 여자와 서슴없이 껴안더니 빙빙 돌았다. 숨을 씩씩거리며 자리에 앉더니 하는 말이, 여자들이 늙고 뚱뚱한 사람과는 아예 잡으려 하지 않는다며 투덜거렸다. 그날 밤 나는 잠을 설쳤다.

　명색이 고급 관리가 춤을 배우러 다닌다는 게 좀 뭐하기도 하거니와 춤을 배운다면 아마도 바람이 날 것 같았다.

　나는 피아노 레슨을 받기로 했다. 피아노가 치매 예방에 좋다는 말도 있고 해서 처음에는 취미삼아 시작한 것이 나중에는 잘 치고 싶은 욕심이 생겼다. 나는 농고를 다녔는데 음악은 시간표에도 없었다. 악보를 읽는다는 것이 참 신기했다. '피아노'라는 영화를 보기도 했고 콘서트에도 더러 갔다. 피아노 연주자만 눈에 들어왔다. 취한 듯 조는 듯 꿈꾸는 듯 허리를 꼬다가 흔들다가 스러지다가 하는 모습이 참 멋있어 보였다. 나비가 꽃을 희롱하듯 춤을 추듯, 젊은 엄마가 아기를 어르듯 달래듯, 갈대밭에 기러기가 가만히 내려앉듯, 독수리가 먹이를 향해 화살처럼 내리꽂히듯, 옹달솥에 콩을 볶듯, 군마가 황야를 질주하듯, 양철 지붕에 소나기가 퍼붓다가 별안간 햇볕이 나듯 변화무쌍한 손놀림이 언제 봐도 넋을 잃게 했다. 내가 이다음에 퇴직하고 나서 외로워지거든, 하얀 그랜드 피아노 하나를 들여 놓고 때로는 그냥 어루만지기도 하고 때로는 백발을 말갈기처럼 흔들며 건반을 두드리기도 한다면 참 좋겠다고 생각되었다. 꼭 8년 간 열심히 배웠다. 하지만 노력해도 되지 않는 것이 있다는 걸 깨닫게 되었을 뿐 피아노를 영영 포기하고 말았다.

 피아노에 열중할 무렵 영어 공부도 병행했다. 단어 공부가 치매를 예방하는 데 도움이 된다는 말도 들었다. 마침 대학원에 다닐 때라서 영어 공부는 하지 않을 수가 없었다. 학원에 가지 않고 문법이며 독해를 공부

했다. 한 3년 하고 나니 옛날 대학 다닐 때의 수준쯤 된 것 같아 원서를 읽는 데 별로 불편을 느끼지 않게 되었으나 단어 실력은 그때만 못했다.

단어 외우는 것이 치매를 막는 데 도움이 된다면 일본어라고 다를까. 대학원을 마치고는 겸사겸사, 학원에서 일본어 회화를 배웠다. 하지만 고비를 못 넘기고 실증이 났다. 일 년쯤 쉬고 나니 다 잊어버렸다. 다시 두어 달 배웠다. 또 실증이 나서 그만뒀다. 또다시 배웠다. 또다시 그만뒀다.

다음으로 가까이 한 것이 음악이었다. 양계장이며 식물원에도 음악을 틀어 놓는다는 말을 들었다. 음악은 치매 예방에 효과가 있다고 한다. 요즘은 CD라는 간편한 음반이 판을 치는 세상이 되었지만 나는 구식이어서 그런지 옛날에 듣던 LP 음반에 아련한 그리움 같은 걸 느낀다. 처박아 두었던 1960년대의 전축을 먼지를 털고 턴테이블에 LP 음반을 걸어 보았다. 바늘이 다 닳아서 잡음이 심했다. 대구의 교동 시장과 서울의 용산 전자 상가를 뒤졌으나 맞는 바늘을 구할 수가 없었다. 일본의 '샤프' 본사에 알아보았으나 전화 받는 아가씨가 50년이 다 되어 간다며 웃기만 했다.

아들이 오디오 한 세트를 보내 왔다. 고급은 아니지만 내겐 충분하다.

하루 종일 음악을 듣는다. 한 달 내내 같은 곡을 듣기도 한다. 클래식은 어렵지만 실증이 쉬이 나지 않아서 좋고 가곡이나 전통가요는 이내 실증을 느끼지만 쉬워서 좋다. 그래서 음악은 다 좋다. 소리를 너무 들어서 그런지 어느 날 한쪽 귀가 윙윙거리더니 요즘은 잘 들리지 않는다. 스테레오가 모노럴로 들리는 것 같아 재미가 덜하다.

최근에 어느 갤러리에서 들은 소린데 누드화를 감상하면 치매 예방에 탁월한 효과가 있다고 했다. 내가 다른 그림을 더러 샀더니, 그림을 팔고자 하는 장삿속인지도 모른다. 평생 미술 방면에 아무런 관련도 조예도 없는 사람이 치매를 예방한답시고 갑자기 누드화를 집 안으로 들여야 할지 모르겠다. 한편 먹는 것으로는 뇌를 쏙 빼닮은 호두가 좋고 운동으로는 걷는 것이 제일 좋다고 하는 사람도 있다.

위에서 열거한 것 가운데 내가 지금 실천하고 있는 것이라곤 고작 음악 감상과 걷는 것뿐이다. 춤은 본시 내 취향이 아니고, 피아노며 단어 공부는 더할 엄두가 나지 않고, 가뜩이나 식탁에는 내가 먹는 약이 널려 있는 판에 호두까지 식탁에 올리라고 하자니 입이 안 떨어지고, 누드화는 어쩐지 좀 뭐하단 생각이 든다. 내생이 있다면 의약을 연구하여 치매 치료약이며 예방주사 백신을 만들고 싶다. 노벨상쯤이야 굳혀 놓은 것 아니겠는가?

벽이며 밥그릇에 똥칠을 한다면 기가 막힐 노릇이다. 여든 일곱까지 사신 나의 증조부님이 그러했다. 조부님은 일흔이 되기 전에 작고하셨는데 치매는 없었다. 아버지는 증조부님처럼 될까 봐 늘 걱정하시더니 죄송한 말씀이지만, 여든둘에 돌아가실 무렵 치매 현상이 조금 있었던 것 같다. 아버지는, 나의 성격이 증조부님을 빼닮았다고 늘 말씀 하셨다. 그렇다면 치매 또한 증조부님을 닮기라도 한다면 큰일이 아닌가.

치매 현상인지는 모르겠으나, 나는 기억력이 한 해가 다르게 자꾸 떨어진다. 요즘 들어 밥맛도 전과 같지가 않다. 난로가 고물이 되어서 연소가 제대로 되지 않는 모양이다.

난로 속에서 장작이 다 타고 나면 불꽃 또한 소멸한다. 불꽃은 다른 데로 간다든가, 영원하다든가 하는 말을 나는 믿지 않는다. 다른 데로 옮아갈 수도 다시 태어날 수도 없는 이 불꽃으로 하여금 그나마 천명을 다하지 못한 채 지향 없이 흔들리다가 속절없이 사라져가게 하는 이 병, 치매야말로 참으로 가증스러운 병이다.

하는 짓들로만 본다면 이 가증스러운 병에 걸린 사람이 너무 많다. 국민에 대해서 거짓말을 잘하는 정치인은 그 대표적인 예가 되겠다.

상좌시 床座施

출근길에 전철을 타고 가면서 가만히 주위를 살펴본다. 내 또래 사람은 만나 보기가 어렵다.

"노약자 보호석은 노약자에게 양보합시다."

이런 방송이 가끔은 객실을 울린다. 노약자 보호석으로 눈길을 돌려본다. 노약자란 대구에 계신 내 부모님처럼 '우대증'을 가진 그런 연령층일까. 그런 늙은이는 거의 볼 수가 없다. 새벽이라서 그런 걸까.

앉아 있는 사람들은 대개 눈을 감고 있다. 편해 보인다. 나도 선 채로 눈을 감아 본다. 다들 무얼 할까. 내 또래쯤 되면 새벽부터 설치지 않아도 좋게끔 되었다는 걸까. 아직은 세수를 안 해도 되고 아직은 넥타이를 매지 않아도 걱정 없는 그런 얼굴들을 그려 본다.

차가 멎고, 내리고 타는 모양. 감았던 눈을 떠 본다. 점점 더 붐빈다. 내 나이 절반밖에 안 돼 보이는 묘령의 여자와 엉덩이를 맞대게 된다. 한데 어울려서는 안 될 사람이 괜스레 이러는구나 싶어 조금은 쑥스럽다.

손잡이에 의지하여 허리를 꼬고, 앉아 있는 사람 앞에 바짝 다가서서 간다. 앞에 앉아 있는 사람 중 누가 먼저 자리를 뜰 것인가. 그걸 잘 알아맞혀야 한다. 앉아 있는 사람이 자리를 뜨면 내 옆에 섰던 사람이 번개같이 앉는다. 나는 도둑질을 하려다가 들킨 것처럼 무안해진다. 이 자리는 내 앞이니까 내가 앉게 되려니 하고 멍하고 있는 사이 나는 자리를 놓치고 만다.

더러는 내 앞 자리가 빌 기미가 보이면 그 사람의 궁둥이가 채 뜨기도 전에 "내리세요?" 누군가 속사포같이 선점선언을 해 버린다. 나는 슬그머니 저쪽으로 가 버린다.

기미를 기다렸다간 안 될 것 같아 언제부턴가 나는 다음 역이 가까워지면 내 앞 자리가 빌 기미가 보이지 않았는데도 옆 사람에게 "앉으시지요."라고 한다. "아, 아닙니다. 앉으세요." 그들은 대개 이렇게 나오게 마련. 내가 먼저 양보를 하니까 상대방도 양보를 하는 건지, 내 말이 완곡한 선점선언으로 들린 건지, 입에 발린 상좌시(床座施:자리 보시)라도 이렇듯 좋은 과보를 받게 되는 건지, 그러나 그런 걸 생각할 겨를이 없다. 대뜸 헛기침이라도 두어 번 해 두는 것이 좋다. 엉덩이를 들이댈 시늉을 해 두면 더욱 좋다. 그런 다음에는 그다지 바빠 서둘 것 없이 슬슬 엉덩이를 들이대면 된다.

  교통질서가 엉망이란 말을 자주 듣는다. 그러나 복잡한 출퇴근 때 나같이 둔한 사람이 자리를 잡도록 해주는 걸 보면 교통질서가 인사질서보다야 훨씬 낫지 않은가.

수련 睡蓮

큰절을 지나쳐 꼬불꼬불 더 높이 산을 탔다. 산수 경색이 점입가경이었다. 계곡을 가르고 저만치 줄달음쳐가는 물줄기, 멍청한 바위들, 은은한 녹향, 삽상한 송운, 조잘대는 새소리, 천공에 떠 있는 흰 구름······. 첩첩산중 깊숙이 사람의 종적이 끊어졌는데 빠끔히 뚫린 오솔길 따라 얼마를 걸었을까. 산모롱이를 돌아드니 기와집 서너 채가 옆옆이 늘어앉아 졸고 있었다. 간간이 이어지는 풍경 소리는 저 홀로 풍정에 겨웠고 자그마한 연못엔 사람도 풍경 소리도 모르는 척 하얀 수련(睡蓮)이 피어 있었다.

보아하니 그 난야(蘭若)는 비구니의 도량인 듯했다. 내가 들어서자마자 열려 있던 방문이 일제히 닫혔다. 세속으로 본다면 축객이 아닌가. 나는 잠시 무르춤했다.

이 나그네가 기웃거리게 된 것은 주련(柱聯)이 눈길을 끌었기 때문이다. 그 시를 베끼고 싶었지만 필기구가 없었다.

필기구를 빌릴까 하였으나 사람이라곤 먼눈에 스님 한 분이 보였을 뿐이었다. 조금 망설이다가 조용조용 다가갔더니 스님은 저쪽으로 휘적휘적 가버렸다. 나는 연못 가로 슬그머니 물러났다.

하얀 수련이 하도 아름다워 얼마간 하염없이 바라보고 있었을 뿐인데 그 수련만큼이나 얼굴이 흰 한 여승이 다소곳한 자태로 내 곁을 막 스치고 있었다. 그 여승을 급히 불러 세우다시피 했다. 스무 살은 넘었을까, 아리따운 자태에 정신이 아뜩했다. 젖은 듯한 크고 깊은 눈은 어쩐지 슬픈 과거를 가진 여자 같아 보였고, 조금 야윈 얼굴은 청순가련했다. 얼굴과는 달리 승복에 갇힌 몸매는 터질 듯 부풀었고 확 드러난 허연 목덜미께로 한낮의 햇볕이 어떤 열정처럼 마구 부서지고 있었다.

시가 하도 아름다워 베끼려 하나 필기구가 없다는 내 말에 스님은 필기구를 내밀며 뜻밖에도 이렇게 응수했다.

"꽃을 보시나요?"

꽃의 본분사(本分事)를 물었던 걸까. 처염상정(處染常淨), 독탈자재(獨脫自在)를 물었던 걸까. 나는 어쩐지 말이 나오지 않아 고개만 끄덕여 보였다.

  山堂靜夜坐無言
  寂寂寥寥本自然
  何事西風動林野
  一聲寒雁唳長天

이 시를 봉사 문장 떠먹듯이 해독해 보다가 좀더 말을 걸어 볼 요량으로 필기구를 돌려주면서 이 시를 우리말로 번역해 주기를 스님에게 청해 보았다. 수줍은 듯 망설이더니 이윽고 나직이 읊어 주었다. 천만 뜻밖에도, 감정을 넣어서 리드미컬하게 읊는 것이 아닌가.

  산사 고요한 밤 앉아서 말없고
  적적하고 요요하니 본디 저절로 그러해
  어인 일일까 서풍은 수풀을 흔들고
  한 소리 겨울 기러기 먼 하늘에 울고 간다.

이 시는, 『금강경』의 「장엄정토분」(莊嚴淨土分)에 나오는 "마땅히 머무는 바 없이 마음이 생겨야 한다."(應無所住 而生其心)라는 구절에 부친 야보도천(冶父道川) 선사의 시(冶父頌)인 줄을 나는 알지 못했다. 다만, "마땅히 머무는 바 없이 마음이 생겨야 한다."는 이 말을 듣고 선종의 육조(六祖) 혜능(慧能)이 처음의 깨달음을 얻었다고 하는 소리를 들은 적이 있을 뿐이었다.

이 시의 뜻을 물어 보고 싶었지만 문외한인 주제에 섣불리 묻다간 무식만 드러내 보일 것 같아서 다만, 스님의 낭송을 듣자니 너무 애틋해진다고만 말했다. 내 말에 스님은 반기는 기색이 역력했다. 새치름해 보이던 첫 인상과는 달리 스님은 차차 오랜 친구 같아졌다. "한 번 더요." "한 번 더요." 이렇게 나는 스님을 자꾸 졸랐다. 나중엔 듀엣이 되어 노래를 부르듯 같이 읊기도 하고, 하나는 원시를 하나는 번역시를 서로 번갈아가며 읊기도 했다. 문득 마주 보며 미소를 짓기도 했다. 그런 웃음이 우스워 킬킬거리기도 했지만 스님의 애절한 목소리는 사람의 가슴을 파고들었다.

많은 세월이 흘러갔다. 옛날 그 스님은 크게 깨쳤을까? 그 난야의 수련은 어찌 되었을까?

우리집 돌확에 하얀 수련 한 송이가 피었다. 졸수자(睡) 그 이름처럼 조는 것 같기도 하다. 내 늙은 아내가 그 많은 꽃잎을 세어보다가 만 것은 그윽한 향기에 홀려 손가락 꼽기를 놓치고 만 걸까? 아니면 석가의 염화미소(拈華微笑)를 떠올리고 잠시 무아(無我)에 든 걸까?

  수련은 미시(未時)에 핀다고 미시초(未時草)라고도 한다지만 개화의 절정은 미시인지 모르나 아침에도 핀다. 아침에 피었다가 오후에 오므리기를 되풀이하는데 그 되풀이는 며칠 가지 않는다. 사흘쯤 되는 날 저녁 끝난다. 열두 폭 병풍을 접듯 꽃잎을 접는다. 하나씩 접고는 다시 펴지 않는다. 또 한 사나흘쯤 뒤에는 꽃대궁마저 물속으로 숨긴다. 바람이 수풀을 지나가지만 수풀에 소리를 남기지 않듯이, 한 소리 겨울 기러기 하늘에 울고 가지만 하늘에 눈물을 남기지 않듯이, 수련 또한 꽃이었던 사연을 남기지 않고 간다. 때가 오면 응하고 때가 가면 좇지 않는다. 머무는 바 없는 것이다.

  나는 왜, 머무는 바 없이 마음이 생기지 못하는가. 염착(染着)을 내려놓지 못한다. 옛날 그 난야의 수련이 그립다. 그 여승이 그립다.

탈출구 脫出口

　서재에서 책을 읽다가 잠시 눈을 감고 가만히 있자니 어디서 치르르, 치르르 하는 가냘픈 소리가 났다. 살펴보아도 아무것도 없었다. 바람소리였나 싶었다. 다시 눈을 감고 있는데 그 소리가 또 들렸다.

　메밀잠자리 한 마리가 유리창에 붙어 있었다. 11월도 다 가려 하는데 잠자리라니, 아마도 방안에 들어온 지가 꽤 된 것 같았다.

　잡아도 가만있었다. 곧 죽을 것 같았다. 막 허물을 벗고 나왔을 때처럼 힘 하나 없어 보였다. 제자리에 놓아 줘도 날아갈 줄 모르고 여전히 그 자리에 가만히 있었다. '다른 것들은 계절에 맞춰 변화를 이루었을 텐데 이놈은 왜 이러고 있담!'

창문을 열었다. 바람이 선득했다. 잠자리는 문이 열린 곳을 못 찾는 건지, 바람이 싫어서 다가가지 않는 것인지 그 자리에 가만히 있었다. 아마도 잠자리는 심한 길치인 모양이다. 들어온 문도 기억하지 못하는데 그까짓 날개가 무슨 소용인가. 밖으로 내보내면 얼어죽을지도 모르고 그렇다고 이 방안에서 언제까지나 살아갈 수도 없는 노릇이다. 일단, 어찌하나 보려고 잠자리를 창밖으로 집어던졌다. 순간, 잠자리는 허공으로 화살처럼 비상했다. 순식간에 한 점 점으로 사라졌다. 나는 넋을 잃었다. 앙큼하게 어디에다 그런 힘을 숨기고 있었을까. 아니, 잠자리는 오랫동안 감금되어 있었지 않았나. 몰골이 그 지경이 되도록 아무것도 못 먹고 홀로 감옥살이를 한 것이니, 생각하면 할수록 기막힌 일이 아닌가.

창문을 닫고 의자에 앉았다. 다시 책을 폈으나 생각은 자꾸 잠자리를 좇고 있었다. 책을 덮고 눈을 감았다. 유리창에 붙어서 치르르 치르르 하던 그 소리가 내 귓속에서 영 떠나질 않았다. 화살처럼 비상하던 그 모습이 눈에 삼삼했다.

잠자리는 탈출구(脫出口)를 찾지 못했다. 그런 잠자리를 내가 바라보았듯 누가 나를 그렇게 바라보고 있을지도 모른다. 탈출구! 이것이야말로 이미 초월하여 학문이나 지식 따위가 필요 없게 된 경지일 것이다. 내 눈길이 한평생 책장 종이에만 부딪친다고 해서 종이가 뚫리겠는가?

 문득 한 친구가 생각난다. 오십 년도 넘은 옛날, 나는 건강이 좋지 않아 봄 한철을 어느 절에서 휴양을 하게 되었는데 내가 들어 있는 요사채에서 먼 뒷간 가기만한 거리에 오막살이 한 채가 조는 듯 엎드려 있었다. 울도 담도 없는 이 집을 사람들은 초막(草幕)이라 했다. 눈치 없이 중뿔나게 뻗대고 다가앉은 바위 하나, 그 곁에는 흰 매화 한 그루가, 나무도 늙어서 그런지, 청아한 개울물 소리에 잠깐 정신이 팔려서 그런지 겨우 여남은 개의 꽃을 피우다 말다하고 있었고, 그 가지에는 웬 커다란 바랑 하나가 자주 걸려 있었다. 약초 바랑이라 했다. 이 초막에는 식구래야 고작 홀아비 영감과 곁방살이하는 나그네 하나뿐이었다. 영감은 약초 캐러 구름처럼 떠다니고 건넛방에 사람이 산다 하나, 고등 고시 공부를 하는 한 청년이 굴속에서 겨울잠을 자는 곰처럼 틀어박혀 있을 뿐, 숲속의 이 초막은 대낮에도 괴괴하기 짝이 없었다.

 그 곰 같은 청년과 나는 금방 친해졌다. 그는 키만 클 뿐 공부 때문인지 수숫대처럼 마르고 얼굴은 창백했다. 아픈 나보다도 더 아픈 사람 같았다.

영감은 빙그레 웃으며 우리에게 약초로 빚은 누런 술을 곡차라면서 내밀 때도 있었다. 쩍쩍 들러붙는 전내기 술이었다. 영감이 외출하고 없는 어느 날 밤이었다. 어디서 퍼 왔는지 그 독한 술을 그 청년은 물을 마시듯 했다. 지난날을 떠듬떠듬 털어놓았다. ― 한 시절 장안이 뜨르르 하는 한다한 양반가의 후손으로 태어나 이 나라 최고의 명문 경기중학에 들어갔다. 1·4후퇴 때, 그때는 이미 한강 인도교가 끊어졌었기 때문에 결빙된 마포 강을 건너 피난길에 올랐다. 난리 통에 부모를 잃고 고아가 되었다. 부산에서 껌팔이며 구두닦이 같은 걸로 목숨을 부지하다가 같은 처지로 만나 대여섯 해를 함께한 고 계집애가 돈을 몽땅 털어서 야반도주를 해 버렸다. 고학으로 야간 고등학교를 나왔지만 대학은 엄두도 못 내고 고등고시 응시 자격시험인 '고등고시 예비시험'에 합격했다고 했다. ― 여기서 더는 말을 잇지 못했다. 달막대는 그의 어깨 위로 흐르는 달빛이 슬펐다.

　　그와 나는 가끔 사찰 경내를 산책하기도 했다. 더러 일주문까지 내려가기도 했었는데 한번은 일주문에 걸려 있는 "入此門來 莫存知解……"(입차문래 막존지해……)라는 주련(柱聯)을 본 그가 나더러 해석해보라고 했다. 양재기 물처럼 얕아 빠지기도 하지 그 사이에 벌써, 내가 한문을 조금 읽었다는 티를 드러냈던 모양이다. 하지만 겨우 『명심보감』 정도를 배운 주제에 한문의 문리를 어떻게 알겠으며, 하물며 불학의 깊은 뜻이 담겨 있을 법한 일주문의 이 글귀를 어찌 제대로 알 수가 있었겠는가? "이 문 안으로 들어오거든 아는 것으로써 풀려고 하지 말라."라고만 얼버무리고 말았다. 그러나 이 글귀가 그의 심금을 울리기라도 했는지 그 후 그는 자주 나의 소매를 일주문으로 끌었다. 그리고 이상하게도 차차 말수가 줄고 창백한 얼굴에는 좋아하는 기색이 없어져가는 것 같았다.

헤어진 지 네 해째였지 싶다. 어느 날 발신자의 이름도 주소도 없는 편지 한 통이 날아왔다. 그의 편지란 걸 나는 직감으로 알았지만 겉봉을 앞뒤로 뒤치며 얼른 뜯지 못했다. 사연은 이러했다.

우리는 매화 가지에 약초 바랑이 걸려 있던 초막에서 노야(老爺)가 주는 걸쭉한 조당수 같은 금빛 곡차를 거나하게 마시곤 했었죠? 그 노야가 약초 캐러 가고 없는 날에는 제가 앞장서서 그 반야탕(般若湯)을 축내기도 했고요? 아, 알고도 눈감아 주던 그…….
저는 마흔이 가깝도록 여러 번 낙방했습니다. 어릴 적부터 병골이어서 공부를 제대로 할 수가 없었습니다. 초막에서 형을 만났던 그때도 시름시름 앓기는 했으나 공부 때문인 것으로만 여겼지요. 심한 폐결핵이었습니다. 사랑하는 여자가 있었는데 그녀는 문득 사소한 일로도 툭하면 까탈을 부리더니 종적을 숨기더군요. 저의 병을 알게 된 모양이에요. 그녀를 원망하지 않습니다. 두 여자를 실망하게 만든 저 자신이 죄 많은 사람이라고 생각합니다. 한동안 저는 절체절명의 상태에서 어디로 가야 빠져나갈 구멍을 찾을지 몰랐습니다. 육법전서에는 그런 지혜가 없었습니다. 옛날 일주문 생각을 참 많이 했답니다. 지식을 쌓는 것이 공부가 아니란 걸 깨달았습니다.

삼년을 피를 토하다가 부처님의 가피로…… 삭발하고 중이 되었습니다.

그리고는 지금까지 서로 소식을 모르고 살아왔다. 그는 일주문이 가르치는 대로 앎을 내려놓았을까? 앎을 내려놓는다는 것은 결국 모두를 내려놓는 것이 된다. 모두를 내려놓으면 무아(無我)다. 무아는 공(空)이다. 공(空)은 삼계육도(三界六道)의 윤회에서 벗어나는 탈출구라고나 할까.

오늘처럼 창밖에 흰 매화꽃이 바람에 흩날리고 옛날의 그 초막이 그리워지는 날이면, 나는 가끔 이 편지를 꺼내 본다. 누렇게 빛바랜 편지 위에 손가락으로 그림을 그린다. 뚫린 구멍을 하나 그린다. 언제나 손가락이 아프다.

한 풀이 향기로우면

호(號)가 뭔지도 모르던 열다섯 살 때 나는 호를 갖게 되었다. 역학 대가로 예칭되는 이야산(李也山) 선생으로부터 丹岡(단강)이란 호를 받은 것이다.

선생의 휘자(諱字)는 達(달)이요, 호는 也山(야산)이다. 선생은 『천자문』의 맨 끝 자인 也 자를 따서 자신의 호로 쓰고, 제자들에겐 『천자문』의 순서에 따라 天山, 地山, 玄山, 黃山, 宇山 등으로 호를 내렸는데 미성면자에겐 山 자 대신에 岡 자를 썼다. 丹은 『천자문』의 제152 수인 "馳譽丹青"(치예단청)에 나오는 글자이니 『천자문』의 607번째 자이다. 馳譽丹青이란 명예를 떨쳐 단청처럼 영원히 변하지 않는다는 뜻이 아닌가.

어린 나이에 호를 갖게 되어 신이 났다. 아이들에게 자랑도 했다. 아이들은 눈을 동그랗게 뜨고 나를 바라보기만 했다. 하지만 호를 쓸 일이 있을 리 없었다. 대학을 나오고 사회에 나와서도 마찬가지였다. 그러다가 초로에 접어들어 직장 따라 포항에 머물 때였다. 형산수필문학회에 참여하게 되었는데 동인 모두가 호를 가지기로 했다. 빈남수는 春江, 서상은은 浪山, 또 누구는 芽村 등으로 호를 쓰게 되었는데 그때 나는 丹岡을 쓸까 생각하다가 馳譽丹靑이란 문구가 과분하다 싶어 싫었다. 부랴부랴 지은 호가 孚巢(부소)였다. 孚는 『주역』에서 얻어 왔는데 새가 알을 품고 있는 형상이니 孚巢는 '새가 알을 품고 있는 둥지'라는 뜻이 되겠다.

형산수필문학회를 떠나고부터 이 호도 쓸 일이 없었다. 그러다가 수필집을 내면서부터 梅村, 虛舟, 素琴 등으로 변천해 갔다. 그렇게 자주 바꾼 까닭은 같은 호나 자를 쓴 사람이 있다는 사실을 알게 되어서 자존심이 상했기 때문이다. 최근에 順行이란 호를 쓰게 되었는데 호라기보다는 字 같은 느낌이 들어 조금 마음에 덜 찼다.

누구 말마따나 인생 팔십이 눈 깜짝할 사이다. 팔십이 되고 보니 조금 철이 드는지 인생은 초로와 같다는 걸 절절히 느끼게 된다. 돌아보면 내 삶은 정말 한 포기 이름 없는 풀이 아닌가. 이제 내 호를 一卉(일훼)라고 쓴다.

치예단청(馳譽丹靑)은 소싯적 꿈이었는지 모르지만 덜 깬 꿈이 아직도 내게 남아 있다면 일훼능훈(一卉能薰)이면 족하겠다. 한 풀이 향기로우면 열 풀이 향기로우리.

제5편

나무꾼한테 길을 묻다
할아버지의 담뱃대
야국(野菊)
국화(菊花)
폐허
별똥별
병학(病鶴)
박꽃
감사의 글

나무꾼한테 길을 묻다

'3·15부정선거'가 자행되던 날, 닭이 홰를 칠 때 나는 책상을 탁 치고 길을 떠났다. 불로장생의 연단(煉丹)을 만든다는 도사나 한번 만나 볼 작정을 한 거다.

한점심을 엿 한 가래로 에우고 지친 걸음으로 다다른 곳이, 뒷산이 등에 업히고 앞산이 턱을 괴는 첩첩산중. 구름은 짙고 인적은 드물었다. 산길로 접어들어 한 나무꾼한테 길을 물었다.

산 중턱을 돌아 오르막 나뭇길을 한참 올라가니 골짜기 하나가 온통 만개를 앞둔 복사꽃으로 메워져 있었다. 줄잡아도 백여 구루는 되지 싶었다. 그 한가운데 청태 낀 자그마한 띳집 한 채가 엎드려 있었다. 울도 담도 없는 집. 댓돌이며 봉당을 살펴보아도 보이는 거라곤 새카만 남자

고무신 한 컬레뿐이었다. 몇 번 기침을 해도 아무 기척이 없더니 봉두난발에 장비 수염을 한 장년의 사나이가 방문을 반쯤 열고 앉은 채 멀거니 내다보았다.

서너 발자국 다가서서 공손히 인사를 해도 아무런 말이 없었다. 더 다가서서 큰소리로 말을 해보아도 여전히 말이 없었다.

조금 망설이다가 그냥 밀고 들어갔다. 화로에서 주전자 하나가 김을 뿜고 있을 뿐 텅 빈 방이었다. 주전자를 건드려도 역시 아무 말이 없었다. 주전자든 사람이든 너 따위야 안중에도 없다는 듯 눈을 감다시피 하고 묵연히 앉아 있는 이 바위 같은 사람은 대체 누구란 말인가.

벙어리 호적(胡狄)을 만난 격. 말없이 대좌했다. 그래도 도끼 자루는 썩었던지 밖으로 나오니 해는 서산에 뉘엿거렸다.

산모퉁이를 막 돌아갈 때였다. 갑자기 대금 소리가 들렸다. 저만치 바위 위에 하얀 한복 차림의 내 또래 젊은이가 보였다. 청송에 둘러싸인 흰옷이 반쯤 속세를 떠났고 긴 대금을 한 쪽 어깨 위로 비스듬히 고이 잡고 고개를 누인 모습이라니, 갑자기 활개를 치고 표연히 몸을 날릴 듯 영락없는 백학의 웅크린 모습이었다.

가까이 다가갔다. 긴가민가했더니 아까 그 나무꾼이었다. 그 벙어리

도사가 정말 축지도 하고 둔갑도 하느냐고 물어 보았으나 답은 않고 웃기만 했다. 여관도 없는 산골이라 한뎃잠을 자게 생겼다 했더니 내 소매를 잡고 놓지 않았다.

 부부가 살고 있는 초가삼간. 그는 나보다 나이가 조금 더 들어 보였는데 나무꾼이라기엔 너무 유식했다. 주안상을 가운데 놓고 두 사람은 잔을 기울였다. 시국을 한탄했다. 종신 집권을 노리는 이승만 정권을 질타하고 비분강개하여, 유례없는 부정선거를 매도했는가 하면 동족상잔, 절대빈곤을 자조했던 것 같다.

 술이 거나해지자 차차 두 사람은 보다 근원적 본질적인 것으로 화제가 바뀌어 갔다. 그는 주로 황로학을, 나는 설익은 역학을 횡설수설 떠벌렸던 같은데 별안간 그는 술주정인 듯, 귀신이라도 씐 듯이 어깨춤을 췄다. 풍물패의 놀이에 엉덩이가 들썩거리듯 나 또한 신명이 났다. 자연스레 그를 따라 짧은 주문을 외웠다. 날이 번히 샐 무렵이었다. 내 입에서 갑자기 악 하는 소리가 나왔다. 감전이 된 듯 짜릿한 느낌이 스치는 순간 내 몸이 기계가 작동하듯 했다. 내 몸을 내가 문지르기도 하고 두드리기도 하고 두 사람이 어우러져 덩실덩실 춤을 추기도 했다. 이런 동작들이 저절로 그리 되었다.

무슨 도술이냐고 물어 보았더니, 중국 팔선(八仙)의 하나인 여동빈(呂洞賓〈名:嵒〉)의 연년술(延年術)이라고만 했다.

성도 이름도 묻지 말라던 그 나무꾼을 한 달포 뒤 그러니까 4·19가 터진 뒤에 다시 찾아갔으나 행방이 묘연했다.

이백과 두보가 함께 화개군(華蓋君)이라는 도사를 찾아간 적이 있었다 한다. 이때 이백은 마흔네 살, 두보는 서른세 살이었다.(천보 3년, 서기 744년) 이백이 수도 장안에서 일 년 가까이 한림학사를 지내다가 자유분방한 행동으로 조정에서 쫓겨난 것은 그해 봄이었다. 이때 두보는 낙양에 있었는데 그해 여름에 낙양을 지나던 이백과 두보가 처음으로 만나게 됐다. 두 사람은 금방 친해졌다. 이백이 장안에서 쫓겨나는 걸 본 두보는 벼슬길에 나아가려는 뜻이 한동안 사라져 버렸던 것 같다. 당시 양귀비를 둘러싼 음란하고 추잡한 궁정의 작태와 썩을 대로 썩어 가는 조정의 꼬락서니를 두보는 이백을 통해 소상히 알게 된 거다. 마침내 두보와 이백은 옛 양나라 송나라 지역을 유람하며 선도를 익히고 연단을 구하려 했다. 두 사람은 그해 가을에 일엽편주로 황하를 건너 고생고생하면서 왕옥산(王屋山)으로 갔으나 화개군이라는 그 도사는 이미 오래 전에 죽고 없었다. 그 뒤에 이백은 제주(齊州:지금의 산동성 제남)로 고천사(高天師)를 찾아가

도가의 비록을 얻고 연단의 길로 들어섰지만 두보는 그때 화개군이 죽은 걸 알고는 뜨거운 눈물을 쏟았다. 불로장생이며 이백이 그토록 만들려는 연단에 대해 크게 낙담했다. 두보는 그때의 허망한 심정을 뒷날 시로 썼는데 두어 마디만 옮겨 본다.

弟子誰依白茅屋 盧老獨啓靑銅鎖 巾拂香餘搗藥塵 階除灰死燒丹火 ──
「憶昔行」 抄

제자는 누가 남아 띳집에 의지했나 / 노씨라는 늙은이 홀로 청동 자물쇠를 여는구나 // 헝겊에 향기 떨치니 약 빻던 먼지 남았고 / 섬돌에는 재가 식었으니 연단 불이 탔겠네

세속에의 뜻을 꺾고 신선 공부나 하려고 도사를 찾아갔다가 도사는 죽고 없고 도사가 빻던 약의 먼지며 약 달일 때 생긴 식은 재만 멍하니 바라보는 두보의 허탈한 모습이 눈에 잡힐 듯하다.

나는 해마다 3월 15일 무렵이 되면 그 옛날 산속에서 해후했던 그 나무꾼 생각에 밤잠을 설친다. 그가 살아 있다면 팔순이 넘었을 것이다.

이 밤도 두드리고 춤을 추고 있을까. 신선이 되려 했던 이백과 두보가 신선은커녕 이백은 진갑 년에 두보는 쉰여덟 살에 죽고 말았듯이, 우화등선(羽化登仙)을 발원하며 두드리고 춤추는 그 나무꾼의 수련 또한 허망한 일이겠지.

  나는 더러 주문을 외우긴 했지만 신선 같은 건 발원하지도 않았다. 무심히 두드리고 춤춘다. 두드리면 가슴속에 우레가 울고 춤을 추면 겨드랑이에 돌개바람이 인다. 일만 근심이 사라지는 듯. 하지만 아무리 뇌풍(雷風)이 섞여 쳐도 속절없는 근심거리가 내게 딱 하나 남아 있다. 처음 가는 이역의 땅 그 종착역이 가까워지면 괜히 술렁이는 나그네의 불안 같은, 시름 같은.

  종착역! 거기에는 길을 물어 볼 나무꾼인들 있겠나.

할아버지의 담뱃대

어릴 때 나는 할아버지와 거처를 같이 했다. 끼니때면 할아버지와 겸상을 했는데, 내가 남김없이 다 먹어치우고 나면 할아버지는 담뱃대로 나의 머리통을 딱, 때리셨다. 할아버지와 같이 새끼를 꼬기도 했는데, 새끼 꼬기를 마치고 새끼를 사려야 할 때면 끝을 맺지 말고 그대로 사려야지 끝을 맺었다가는 할아버지 담뱃대가 그냥 있지 않았다. 할아버지는 또, 모심기를 하거나 벼를 베거나 할 때에도 조금씩 덜 심고 덜 벤 채 논 귀퉁이를 남겨 두도록 하셨는가 하면, 감을 따 들일 때면 감나무 꼭대기에 언제나 한두 개씩 남겨 두도록 그 긴 담뱃대를 뻗쳐 들고 언명하셨다.

밥을 죄다 긁어 먹지 말라든가, 새끼 끝을 맺지 말라든가, 모를 덜 심은 채 벼를 덜 벤 채 논 귀퉁이를 조금씩 남겨 두라든가, 심지어 방이나 마당을 쓸 때 싹 쓸지 못하게 한다든가, 이러한 분부도 분부려니와 맨 꼭대기의 감은 더 눈길을 끌게 마련인데 그걸 따지 말고 남겨 두라니, 참 이상하다 싶었다.

한번은 징징거리며 그 까닭을 알고 싶어 했더니,

"이 노옴! 스스로 궁리할 요량은 않고 까닭을 물어!"

순간 할아버지의 담뱃대는 눈에 불이 번쩍 나도록 내 머리통을 후려치셨다.

할아버지의 담뱃대, 그 긴 담뱃대가 이 어린 손자의 머리 위로 딱, 하고 바람을 가를 때면 뭔가를 일깨워 주시고 싶었겠지만 그래서 침묵하셨을 그 역설을 깨닫기엔 나는 너무 드리없는 철부지였다. 눈물을 글썽이며 두 손으로 머리통을 감싸 쥐고 달아나기 바빴을 뿐 미거한 이 손자가 어찌, 할아버지가 장죽을 치시는 뜻을 헤아려 볼 줄 알았겠는가?

많은 세월이 흘러 나 또한 할아버지가 되어 버린 지금에 와서, 할아버지의 그 긴 담뱃대가 요즘 들어 문득문득 내 머리통 속에서 이명처럼 운다. 할아버지 곁으로 돌아갈 모양인가? 내 마음속에 할아버지의 장죽을 품지 못한 채 비칠거리며 한세상을 아무렇게나 뒹굴었던 이 손자가 무슨 낯으로 할아버지를 대할까. 밥을 죄다 긁어 먹을 수도 있고, 새끼 끝을 맺을 수도 있고, 모를 다 심고 벼를 다 벨 수도 있고, 감을 다 따 치울 수도 있고, 방이고 마당이고 싹 쓸어버릴 수가 있다는 것, 이런 것들은 아무 것도 아닌 것 같지만 알고 보면 권능이라면 큰 권능이요 복이라면 큰 복인 줄을 백발이 되어서야 깨닫게 되었을 뿐 할아버지가 장죽을 치시던 그 뜻을 나는 아직도 깨달았다고는 할 수 없을 것 같다.

"이 노옴! 말도 한두 마디는 남겨 두라 했거늘!……" 할아버지의 담뱃대가 아직도 딱, 하고 내 머리통을 내리치시는 것만 같다.

야국 野菊

나는 들국화를 곧잘 야국이라 한다. '야'라고 발음할 때 입 밖으로 탁 터져 나오는 단순 질박한 그 소리가 어쩐지 나는 좋다.

야국에는 가을에 노란 꽃이 피는 산국(山菊), 가을에 붉은 꽃 흰 꽃이 피는 구절초(九節草), 여름에 누런 꽃이 피는 금불초(金佛草, 夏菊) 같은 것이 있거니와 내가 야국을 좋아하는 것은 이러한 갖가지 화용에 홀려서도 아니요, 은일(隱逸) 고절(苦節) 같은 화품에 끌려서도 아니다. 울안에 들지 못하고 척박한 산야에서 피고 지는 야생화로 남은 이 꽃과 내가 살아온 세월이 별로 다르지 않아서이다.

나는 장안에서 야성이 제일 드세기로 정평이 난, 꽹과리 뚜드리고 징

치고 막걸리 마시는 '촌놈 대학'을 나왔지만 내가 좋아서가 아니었다. 입시과목으로 독일어나 물리학을 선택해야 원하는 대학에 원서를 낼 수가 있었는데 그런 고상한 과목을 가르치지 않은, 남들이 똥통학교라고 놀려대는 농고를 다닌 탓에 원서도 못 내 봤다.

야성이 강한 학교를 다닐 때여서 그랬는지 '3.15부정선거'가 자행되던 날, 닭이 홰를 칠 때 나는 책상을 탁 치고 길을 떠났다. 내가 찍은 사람이 한 번도 당선되지 못한 것은 이상하게도 나의 아버지의 경우와 똑같지만 이것은 학교 탓이 아니다.

공무원을 1급까지 했지만 도둑질을 하려 했더라도 할 것도 없는 그야말로 적빈(赤貧)이 여세(如洗)라는 말이 딱 들어맞는 그런 데를 다녔다. 사무관 서기관 때도 도시락 들고 다녔는데 공무원 했다 하면 보는 눈이 이상한 세상인심이 이상하다.

처음에 내무부 산하를 지망했던 것은 붙어 있다 보면 하다못해 군수는 하겠지 싶어서였고 그곳을 스스로 떠났던 것은 무슨 시험을 치겠다고 한직을 일부러 원해서였다. 한직이나마 국무위원급까지 오르지 못한 것은 순전히 나의 야성 때문이었다. 교쾌(狡獪)한 명도열객(名途熱客) 틈에서 굽도 젖도 할 수 없었던 그 세월…….

예순여덟 살에 박사학위를 취득했다. 지도교수 이르길 "처음입니다."라고 하기에 "뭐가요?"라고 했더니 나의 논문을 쳐들어 보이며 싱긋이 웃었다. 내 논문 평점을 100점을 주려다가 학생이 너무 고집이 세서 한 점을 깎았다는 모 교수는 나를 진짜 박사라고 했다. 이 말은 언중유골이다. 내 논문에서 '況'자를 '모양'이라 하지 않고 '견주다'라고 새긴 곳이 있었는데 논문의 최종 심사 때 그 교수가 이를 문제로 삼자 그 교수와 나는 서로 주장을 굽히지 않고 버티다가 결국 다른 심사위원들이 나의 주장에 좌단하는 바람에 가뜩이나 홍안인 그 교수의 얼굴이 홍당무가 되고 만 적이 있었기 때문이다.

처음이면 뭐하고 진짜면 뭐하는가. 시간 강사로 이리저리 치이다가 그나마 잘려 버렸다. 철학과의 교수 부교수 강사들을 모아놓고 며칠 동안 "이것도 모르셔!"라고 연방 타박을 주면서 반은 객기로 철학 특강을 한 것이 조금은 한풀이가 됐을 뿐이다.

이젠 들판에 된서리가 많이 내렸다. 야국도 별수없을 것이다.

국화 菊花

옛날 산촌에 살 때 아버지는 국화, 특히 황국(黃菊)을 혹애하셨다. 담장을 따라 뼁 둘러 만발했던 노란 국화꽃을 떠올리면 나도 모르게 눈물이 난다. 집에서 빚은 국화주를 드시며 어린 이 아들에게 많이는 먹지 말고 맛은 봐도 된다고 하시던 아버지. 당호를 국헌(菊軒)이라 짓고 그 편액(扁額)의 대자(大字)를 굳이 어린 이 아들 보고 붓으로 쓰라 명하시던 우리 아버지.

아버지는 일흔이 가까워서 대구의 이 큰아들한테로 오셨다. 삼십 년이 넘은 옛날이다. 마당가에 나무 한 그루 꽃 한 포기를 심어도 "뭘 심을래?"라고 아버지는 일일이 아들의 취향을 묻곤 하셨다. 나는 끝끝내 국화를 떠올릴 줄 몰랐고 옛날의 그 편액이 어찌 되었는지 궁금해 하지도 않았다. 국화에 얽힌 아버지와의 추억을 까맣게 잊어버린 놈이 어찌 아버지의 은공인들 잊어버리지 않았겠는가. 국화 한 포기도 곁에 두지 못한 채 아버지는 참으로 외롭고 쓸쓸한 만년을 보내셨지 싶다.

아버지가 이승을 떠나실 때 그때나마, 상여에 국화꽃을 가득 꽂아 드리지 못한 것이 천추의 한으로 남았다. 그렇게만 했더라도 아버지는 이 자식의 불효를 다 용서하셨을 텐데……

아버지 가신 지 스무 해가 넘었다. 작금양년에 걸쳐 담 밑에 국화를 많이 심었다. 아버지가 혹애하시던 황국이 만발했다. 이제 와서 이 꽃이 무슨 소용인가.

폐허

육법전서를 베고 자던 산속의 오두막이 그립다. 허물어져 버린 지가 오래 됐지만 애틋한 사랑처럼 늘 짠하다.

오두막을 떠난 지 스물다섯 해, 고향에 간 김에 이번에는 꼭 집터나마 한 번 보고 싶었다. 따라나서는 아이들은 물리치고 싶다는 아내를 이끌고 산속으로 들어섰다.

그때는 산길이 나 있었는데 지금은 잡목이 우거져서 길을 알아볼 수가 없었다. 하얗게 핀 억새가 계곡을 메우다시피 했는가 하면 칡덩굴 가시덤불이 뒤엉켜 금방 뭐가 툭 튀어나올 것만 같았다. 아내는 몇 번이고 돌아서자 했지만 남편의 한이 서려 있는 이곳을 싫다니 기분 나쁘다는 식으로 타박을 줬다.

옷을 긁히며 천신만고 끝에 집터까지 올라갔건만 온갖 나무가 꽉 들어차서 첫눈에 그 자리를 찾기는 어려웠다. 집터에 자생한 오리나무가 고목 태가 났다. 새삼스레 세월을 느꼈다.

그 시절을 생각하니 감흥이 새로웠다. 그때 가끔 읊었던 주희(朱熹)의 시 한 수가 있다.

讀書之樂樂如何
綠滿窓前草木舒(一作 草不除)―朱熹「四時讀書樂」〈春景〉抄

독서의 즐거움, 즐거움이 어떠한가
푸른 빛 가득한 창 앞엔 초목이 퍼졌네

전해 오는 일화에 의하면, 주돈이(周敦頤)는 자신이 거처하는 집의 창 앞에 잡초가 무성했는데도 뽑아 내지 않았는데 누가 그 까닭을 묻자 그는 "내 뜻과 같은 것이라네."(與自家意思一般)라고 대답했다 한다. 주희의 이 시에서 더러 '草木舒'를 '草不除'라 한 것은 착오가 아닌가 한다. 주희가 주돈이의 고사를 그냥 원용했을 리가 없을 것 같기 때문이다.

이 시를 다음과 같이 자주 고쳐서 읊기도 했다.

독서의 근심, 근심이 어떠한가
푸른 빛 가득한 창 앞엔 초목이 저 홀로 퍼졌네

독서가 근심이었다는 말을 알 까닭이 없는 아내가, 듣기 좋다면서 자꾸 읊으라고 부추기는 바람에 도리어 흥은 깨어지고 옛날 생각에 울적해졌다. 푸른빛 가득한 창 앞엔 초목이 퍼졌지만 내 독서, 내 공부는 퍼지지 못했었다.

까닭 모르게 시무룩해진 내 얼굴을 아내는 줄곧 눈여겨 살폈던 걸까. 내가 아까부터 열심히 찾고 있는 것이 하나 있었는데 아내가 눈치를 챘는지 수북이 쌓인 가랑잎을 헤치다 말고 "여기다 여기!"라고 외쳤다. 낙엽에 묻히고 조금 퇴락되긴 했어도 그때의 '돌계단'이 분명했다. 얼마만의 상봉인가. 그 계단을 대하기가 조금 부끄럽고 무안했다. 사람으로 태어나서 나는 그 돌만도 못하게 되었다. 나는 겨우 이태를 버티다가 뜻을 꺾고 말았다. 내 앞가림이라도 스스로 하지 않으면 안 될 궁박한 처지가 되었기 때문이었다. 뜨거운 눈물을 이 돌계단에 뿌리며 이곳을 떠나야 했고 남의 산에 지은 집이라서 집마저 헐렸다. 사람도 집도 다 떠난 거다. 그러나 계단의 돌들은 지금까지 여기에 남아 그때 그대로인 걸 보면 돌들은 마음놓고 하고 싶은 만큼 실컷 공부를 했을 것이 아닌가 싶었고, 강산도 변한다는 그 십년이 두 번이나 바뀌고도 다섯 해를 더했으니 뭔가를 통해도 크게 통했을 거라는 생각이 들었다. 천지 이치를 통달하고도 이리도 묵연한 이 돌은 대체 누군가!

내 부모님과 온 가족의 비원이 서려 있는 이 자리. 돌들을 주워서 축대며 계단을 만들던 그때의 부모님과 어린 동생을 떠올리니 콧날이 찡했다.

한참이나 말이 없는 내가 못마땅했던지 아내가 그만 돌아가자고 채쳤다. 나는 조금 언짢아서 아내를 저만치 앞서가게 했다. 오리나무에 이마를 대고 서서 한참 울었다.

그 산골짜기에는 옛날에도 밤마다 부엉이가 울었지만 지금은 대낮에도 멧돼지며 늑대며 살쾡이가 나와서 아무도 가지 않는다고 했다. 오두막을 떠난 지가 스물다섯 해, 그 동안 내 가슴속에도 한갓 잡목이며 멧돼지며 늑대며 살쾡이 같은 것만 꽉 들어차게 된 것이 아닌가 싶다.

푸른 빛 가득한 창 앞엔 무심한 초목이 저 홀로 퍼졌다.

별똥별

어릴 때 여름밤이면 마당에 모깃불을 피워 놓고 멍석에 드러누워 별이 총총한 밤하늘을 쳐다보는 것이 여간 황홀하지가 않았다. "너는 장차 뭐가 될래?"라고 어른들이 물으면 서슴없이, 별이 되겠다는 것이 한결같은 나의 대답이었다. 해나 달이 되면 더 좋지 않겠느냐고 다시 물으면 꽃밭 같은 별밭이 더 좋다고 대답했었다. 아직 중학교 문전에도 가 본 적이 없는 초등학교 5학년 생도에 지나지 않는 내게 연립방정식과 논증기하를 가르쳐 주시던 김승태(金承泰) 선생님도 같은 질문을 하셨다. 너는 사교성이 없는 데다 별이 되겠다고 하는 걸 보니 철학을 하든지 박계주(朴啓周) 같은 작가가 되겠다고 말씀하셨다. 아랫목 구석에 『殉愛譜』라는 너덜너덜 떨어진 소설책이 보였다. 겨우 철학자 소설가라니 어린 마음에 조금 서운했다.

내가 별을 좋아한 것은 암흑시절에 태어났기 때문인지도 모른다. 원자폭탄이 히로시마와 나가사키에 떨어지기 두 해 전에 나는 나이 열 살에 '국민학교'에 들어갔다. 취학이 늦어진 건 아버지가 일제의 징용을 피하려고 '십승지지'(十勝之地)를 찾아 이사를 했기 때문이었는데 이내 또 이사를 하는 바람에 2학년을 마치고 집에서 놀다가 일본이 항복하는 꼴을 보게 됐다. 원자폭탄이 나의 복학을 도운 셈이지만 나의 초등학교 기간이 7년이 되고 만 건 순전히 난리 때문이었다.

땅덩어리가 갈라졌으니 인심인들 좀 흉흉했겠나? 음력 사오월, 보리는 미처 여물지도 않아 풋바심할 형편도 못 되는데 여투어 둔 묵은 식량은 바닥이 나고 누렇게 부황증이 난 얼굴로 나물을 뜯고 송기를 벗기던 그러한 한촌에도, 관솔불이나 산초 기름 불 따위로 밤을 밝히던 두메산골에도, 머리에 먹물깨나 든 사람들은 은연중에 좌익과 우익으로 사상이 갈렸고 조무래기들도 툭하면 편을 갈라 병정놀이를 했다. 하지만 아이들의 놀이도 철을 탔다. 나는 해마다 두세 직씩 학질을 앓으며 늦모내기를 하는 무논에서 거머리한테 두 다리의 무릎 아래를 온통 내맡겨야 했다. 중학교에 가면 이런 걸 면하려나 싶었다.

김승태 선생님은 나를 경기중학교에 가라고 하셨다. 당신의 외갓집이 서울에 있으니 기식은 당신이 해결해 주겠다고 하셨다. 아버지는 사범학교가 더 좋다고 하셨지만 두 군데 다 원서도 내 보지 못한 채 끝내 읍내에 있는 6년제 공립농업중학교에 들어가고 말았다. 물론 학비 때문이었지만 경기중학교에 원서라도 한번 내 볼 걸 하고, 아직도 짠하다. 이것이 내 생애의 첫 번째 상처라고 나는 주저 없이 말한다.

 6·25가 터졌다. "경기중학에 갔더라면 어찌 됐겠노?"라고 하시며 내 눈치를 살피시던 아버지의 힘없는 모습을 나는 입때껏 잊지 못한다. 6년제 농업중학교가 3년제 중학교와 3년제 농업고등하교로 분리되었다. 내가 고등학교에 진학할 해에 동생이 중학에 가야 하기 때문에 나는 한 해 묵기로 되었다. 다른 아이들은 영남의 명문인 K고등학교니 무슨 고등학교니 하고 떠들어댈 때 나는 그 옆에서 고개를 떨어뜨리고 땅바닥에 손가락으로 글씨나 쓰곤 했다. 졸업 무렵 진학상담 때가 되어서야 이런 사정을 알게 된 담임선생님께서 깜짝 놀라시며 학비 때문이라면 선생님께서 대어 주시겠다며 아버지를 학교로 불렀다. 실제로 학비를 지원 받은 건 아니지만 이리하여 고등학교에 진학하게 되었다. 그러나 대처로 나갈 수는 없었다. 사흘돌이로 똥통을 메고 농장에 들락거려야 하

는 읍내의 농업고등학교에 들어가게 된 것도 감지덕지했다. 그 해에 같은 읍내에 막 창설된 사립 인문계 고등학교가 처음으로 신입생을 뽑고 있었지만 학생들이 본체만체했다.

대학을 보내 줄지가 확실하지 않은 상황에서 나는 만약의 경우를 대비하고 싶었다. 보통고시 시험공부를 했다. 시험에 합격하자 나를 대학에 보내 주는 쪽으로 집안 분위기가 굳어졌다. 그때가 고등학교 3학년 때이다. 의대냐 법대냐를 두고 갈등을 느꼈지만 상대적으로 돈이 더 많이 든다는 의대를 내심 별로 탐탁찮게 생각하던 차에, 의대는 미리 누울 자리부터 보자는 거 아니냐는 아버지의 말씀에 나는 환호작약했다. 나는 신이 나서 부랴부랴 설쳤지만, 독일어나 물리학을 선택해야 이 나라 최고의 대학의 최고의 학과라는 데에 원서를 낼 수 있다는 걸 그때서야 알고는 망연자실했다. 물리학은 한 학기를 배우다가 학생들이 백지 동맹을 하는 바람에 아르바이트 대학생인 선생이 울며 떠난 뒤로는 다시는 배워 보지 못했고, 독일어는 처음부터 시간표에도 없었다. 우리 고장에는 학원도 없을 때라서 여름방학 한 달 동안 대구에 가서 학원에 들락거려 봤지만 때는 이미 늦었다. 심드렁한 기분으로 K대학교 법학과에 들어가고 말았다.

똥통을 메고 농장에나 들락거리고, 작물·과수·소채·토양·비료·육종 등 실업과목으로 대부분의 시간을 소비하면서 보통고시 공부를 한 고삼(高三) 학생이, 영어·수학·국어·제2외국어만 3년 동안 들이판 인문계 출신 고삼 학생과 겨루는 것은 맞수의 장기판에서 차포(車包)와 오졸(五卒)을 떼어놓고 두는 것과 뭣이 다른가. 참으로 분하다.

나는 천신만고 끝에 6년이 걸려 대학을 나왔다. 졸업 후 산골자기에 오두막을 지어 놓고 약 2년 정도 버티다가 절계(折桂)의 꿈을 접어야 했다. 아쉬움을 남긴 채 눈물을 뿌리며 부득불 산방을 떠나와야 했지만 패자가 하는 말은 변명으로 들릴 것이다.

별이 되겠다던 아이가 판검사가 되려 한 것이 잘못이었을까. 환로(宦路)에 들어서긴 했지만 서기관이면 시장 군수를 하던 그 시절에 나는 서기관 때도 시장 군수는커녕 도시락을 들고 다녔고 그 흔해빠진 훈장도 하나 못 탔다. 선생님의 말씀마따나 나의 천품이 비사교적이기 때문이었는지도 모른다. 박계주의 『殉愛譜』같은 소설도 쓰지 못했다. 다만 일부에선 문학으로 쳐 주지도 않는 수필이란 걸 끼적거리는 사람이 되었고, 칠십이 가까워서야 이름 없는 지방대학에서 철학박사학위를 얻었을 뿐이다.

별이 되겠다던 아이는 어버이의 밤하늘에 슬픈 획을 그은 별똥별이 되고 말았다. 멍석에 드러누워 밤하늘의 별을 쳐다보고 싶다. 별똥별을 보고 싶다.

병학 病鶴

1956년(丙申), 나는 스물세 살에 시속을 따라 법대에 들어갔다. 별로 머리도 좋지 않은 주제에 법률을 택했으니 나의 곤학(困學)은 처음부터 예견된 일이었는지도 모를 일이다.

그 무렵의 우리 집 가세는, 당시의 농촌 사정이 거의 그러했듯이 재래식 농법밖에 모르던 터여서 땅에서 나오는 열매를 떨어서 서울에 유학시킨다는 것은 어림도 없는 일이었다. 우선 변두리의 땅부터 팔기 시작한 것이 학교를 마칠 무렵에는 남은 땅은 절반 정도가 될까 말까 했다.

당시는 아직 경지정리도 되지 않았고 전혀 기계화가 되지 않아 일일이 인력에 의존하여 농사를 짓던 시절이었는데, 우리 집의 노동력이라고는 환갑이 내일 모래인 부모님과 어린 아우들뿐이었다. 아우가 셋이었지만 막내는 어렸고 둘째는 마음을 잡지 못했다. 셋째만 일꾼다운 일꾼이었는데 낮에는 소같이 일하고 밤에는 두레상을 펴놓고 한자를 공부하기도 했다. 그런 아우가 뜻밖에도 보리밭에 호미를 팽개치고 한밤중에 어디론가 달아났다. 하기야 보리밭이라면 영락없이 찾아와 판을 치는 보리의 천적, 찰거머리 같은 그놈의 둑새풀이 지긋지긋도 했겠지.

  한번 달아나더니 툭하면 달아났다. 일밖에 모르던 아우가 이렇게 변해 버리게 된 것은 대개 두 가지 원인이 있었다. 하나는, 대구에서 고물상을 한다는 나의 젊은 고모부 한 분이 고물을 끌어 모으기 위해 나의 아우와 우리 동네의 아이들을 엮인 굴비처럼 데리고 갔었는데 모두가 이내 돌아오고 말기는 했지만, 그때 난생처음 얼마씩 돈을 받아 보았을 터이니 이때부터 아우의 가슴속에는 언제나 돛단배 한 척이 바람에 흔들리고 있었을 것이다. 다른 하나는, 동네 사람들이 부추긴 탓도 있었다. "지게 귀신 붙으면 신세 망친다." "너는 너의 형들보다 키가 작다. 지게 귀신이 붙어서 키도 안 큰다." "중학교도 못 갔으면서 일은 왜 하노?"라고 그들은 내 아우에게 서슴없이 지껄여댔다. 정말 지게 귀신 때문인지 아직 덜 커서 작은 건지는 모르지만 키 작은 내 아우는, 이 말에 맥이 풀리는 듯 차차 말수가 줄고 즐거워하는 기색이 없어져 갔다.

이 무렵에 새마을 운동이 막 일어나고 있었지만 아직 보릿고개조차 극복하지 못한 시절이었다. 당장 끼닛거리가 걱정이 되던 그런 시절에 어느 놈은 팔자 좋아 대학이며 고등고시라니, 내가 사람들을 무척 속상하게 했던 모양이다. "지게 귀신이 붙어 키도 안 큰다." 장난삼아 던지는 이 돌팔매가 나에게 부딪힐 때에는 하나의 희살(戱殺)이 될 수도 있음을 그들이 염려할 턱이 없었다.

　밭갈이 논갈이 같은 걸 소에만 의존하던 그 당시, 소 없이 농사짓기란 여간 거북한 노릇이 아니었지만 당시 우리 집에 소가 남아 있었겠는가? 십리 밖의 외갓집에서 더러 소를 몰고 오기도 했지만 주로 아우의 품앗이로 남의 소를 부릴 수가 있었던 것인데, 가뜩이나 일손이 째는 농번기에 아우가 이 지경이었으니…….

　아버지 어머니가 이렇게 어려울 때 한편, 작은아버지 작은어머니는 참으로 팔자가 좋기로 동네에서 평이 나 있었다. 논밭이 타 들어가는 가물에 아버지 어머니가 밤새워 웅덩이를 파고 물을 풀 때도, 아들 육 형제를 모조리 농사일을 시킨 작은아버지는 별로 할 일이 없었고 작은어머니는 전혀 들일을 몰랐다. 팔짱을 지르고 논두렁을 배회하는 작은아버지를 두고, "예천군수를 할래, 점수네 아부지를 할래?"라고 물으면 "점수네 아부지를 하겠다."라는 말이 온 동네에 떠돌기도 했다. 점수는 나의 사촌 동생이다.

아버지의 농사일 못지않이 나의 대학생활은 어려웠다. 젊음과 낭만을 구가하는 대학생활이 아니었음은 두말할 나위 없다. 아버지는 내가 대학에 들어가고부터 가정교사 노릇을 하라고 하셨지만 내게는 가정교사 되기가 대학교수 되기만큼이나 어려웠다. 자취하는 친구한테 신세를 지기도 하면서 겨우 1학년을 마쳤을 때 징병제도가 바뀌어 대학생도 군에 가게 되었다. '학적 보유병'으로 입대를 하고 제대를 했지만(1957년 6월 28일 입대. 1958년 11월 30일 귀휴. 1959년 6월 10일 귀휴제대) 나는 학비를 해결할 아무런 방도를 얻지 못하기는 마찬가지였다. 아버지의 말씀을 좇아 신문배달을 하자니 밥은 먹을 수가 있을는지는 몰라도 잠잘 곳과 등록금을 만들기는 어렵겠다고 생각되었다.

그러던 어느 날 아버지가 내게 학교를 중퇴하겠느냐고 물으셨다. 보통고시 합격자, 고등고시 예비시험 합격자, 대학 1학년이상 수료자라면 고등고시에 응시할 자격이 있다고 아버지께 아뢰고 난 얼마 뒤였다. 내가 어쩌겠는가? 학교를 중퇴하기로 하고, 뒷산 골짜기에 집을 한 칸 지어 달라고 했다. 스물여섯 살 때이다. 그러나 아버지와의 합의는, 집을 짓고 난 며칠 후 아버지에 의해 파기되었다. 갑자기 아버지의 눈이 충혈된 걸 보면 그 며칠 밤을 아버지는 뜬눈으로 새웠으리라. 나는 이때부터 시름시름 머리가 아프고 귀에는 늘 벌레 소리가 났다. 하도 이가 아파 멀쩡한 어금니를 돌팔이 의사한테 세 개나 뽑아 버렸다. 이제 막 아프기 시작한 이를 치료할 생각은 않고 대뜸 뽑아 버리다니, 지금 생각하니 분하기도 하거니와 그놈의 돌팔이 의사가 미워 죽겠다. 이를 뽑은 뒤 귓속의 벌레 소리는 바람소리가 되기도 하고 물소리가 되기도 했다. 이상하게도 기억력이 뚝 떨어졌고 책을 보고 있지만 정신은 늘 딴 데 팔리고 있었다.

등록금은 남은 땅을 더 팔아서 마련하고 남은 돈으로 자취를 했다. 땅 판 돈으로 밥해 먹고 국 끓여 먹기가 마음 아팠다. 어떻게든 재학 중에 고시에 합격해야겠다고 다짐하면서, 강의는 대충대충 듣고 도서관에 틀어박혔지만 귓속의 벌레 소리 때문에도 공부가 되질 않았다. 입학한 지 6년이 걸려 1962년(壬寅) 스물아홉 살에 간신히 학교를 마칠 수가 있었지만 고시합격은커녕 학점마저 엉망이 되고 말았으니 죽도 밥도 안 된 셈이다.

한편 졸업을 한 해 앞두고 1961년 5월 16일에 군사 쿠데타가 일어났는데, 과거에 고등고시 행정과 또는 보통고시에 합격하고도 임용이 안 된 자로서 임용을 희망하는 자는 총무처에 등록을 하라는 신문 공고에 따라, 나는 고등학교 때 합격한 제10회 보통고시의 합격증을 들고 등록을 하고 면접에 응했으나 수판을 잘 놓을 줄 알아야 한다기에 '경제기획원 국세조사과'에의 임용제의에 불응했다.

  이듬해에 졸업을 하고 곧바로 봄부터 산방에 틀어박혔다. 산방이라지만 집과 너무 가깝고 주위가 밭이어서 시끄럽고 인분 냄새가 많이 났다. 마을에서 꽤 떨어진 산꼭대기쯤에 다시 오두막을 지었다. 당시의 고시수험생들은 대학을 마치고도 서울에 남거나 절간으로 들어가는 것이 지금의 수험생들이 이른바 '신림동 고시촌'에 틀어박히는 것과 비견이 되지만, 나는 이 두 가지 방법 중 어느 한 가지도 선택할 처지가 못 되었다.

  내 나이 서른 살도 되기 전부터 나를 두고 주위에선 이런 말들을 했다. "장가를 가면 환갑 때까지 공부해도 누가 뭐라카겠나." "도움을 받을 수 있는 혼처를 구하면 어떨로?" "너는 이기주의자다." "너는 병신이냐! 벌레도 새끼를 치는데. 부모와 동생들도 생각해야지." 이런 권유와 질책과 원망 그리고 비원과 사랑, 그 사랑이 도리어 나를 퍽 외롭게 했고 슬프게 했다. "지게 귀신이 붙어서 키도 안 큰다."라고 야유하던 동네 사람들, 뉘 집 부뚜막의 소금 단지가 어디에 있는지 그 따위 것에만 잔뜩 관심이 있던 그 사람들, 대체로 남의 일에 이러쿵저러쿵 입방아 찧기를 낙으로 삼던 농촌 마을의 그 사람들이 몹시 나를 숨막히게 했다. 지금도 내가 농촌을 싫어하는 건 이 때문이다.

농촌이라고 다 그런 건 아니지만 컴퍼스로 원을 그린 듯한, 직경이 십리도 채 되지 않는 분지에 산을 의지하고 고만고만한 일곱 개의 취락이 형성되었는데 그 입구가 우리 동네이다. 분지의 형국이 풍수지리설의 이른바 천옥(天獄)이라 할까. 방귀만 뀌어도 금세 일곱 개의 동네에 소문이 짜하게 퍼지곤 했다.

어느 날 아버지가 풀이 죽어 말씀하시길, "아무개 말이 사법과 합격자가 판검사는 고사하고 그냥 노는 사람이 더 많다 카더라. 참말이라 카더라."라고 하셨다. 아버지는 천품이 남의 말을 잘 믿는 편인 데다가 자식의 장래에 관한 거라면 어떤 사람의 말도 허투루 듣는 법이 없었다. "넉쩍지, 자식 말 듣고 땅 팔아 대학 시켜!" 내 아버지를 두고 백석꾼 부자 고모부가 이런 말을 한다고 고모가 내게 말했다. "꿩 잡는 게 매지." 이런 말을 나와 내 가족들에게 수없이 뇌까리는, 친한 척하고 지내는 이

웃도 있었다. 취직해서 돈 버는 게 상책이라는 이 말은 허덕색(虛德色)일 뿐 그 사람은 내가 고시공부 하는 것이 눈에 가시였던 심술궂은 사람이었다. 그때 이처럼 아버지의 마음을 어지럽히고 나의 부아를 지르는 인간들이 많았다. 한편 내가 몸져누우면 아침저녁으로 들여다보기도 하고 힘내라고 돼지고기 국을 끓여 몰래 담 너머로 넘겨주던 숙모보다도 더 낫던 옆집 아주머니를 생각하면 아직도 나는 눈물이 난다.

어머니는 흔들리지 않았다. 학력은 없었지만 머리가 좋고 인정이 많았다. 자식이 가는 길이라면 어디로 가든 막지 않는 분이셨다. "내가 왜 산에 가서 나무를 하겠노? 힘이 나서 한다. 과거를 아무나 보나. 보는 것만으로도 내사 힘이 난다."라고 하시던 어머니가 없었더라면 그때 나는 복장이 터져 죽었을 것이다. 이리하여 나는 집과 멀리 하고 싶었고 고향 마을을 돈연(頓然)히 떠나고 싶었던 거다. 몇 해가 되더라도 집과 완벽하게 떨어져서 생활비만 우편으로 받았으면 좋겠다고 생각되었지만 그럴 형편이 못 되었다. 산방에서 자취를 하려고 해도 식수를 구할 수가 없었다. 산속에서 공부를 한다고는 하지만 집과 떨어져 있을 수가 없었고 동네 사람들과 골목에서 마주쳐야 했다.

이때의 공부가 너무 무리했던 탓일까? 시작한 지 채 반년이 못 되어 건강이 나빠졌다. 그렇게도 귓속에서 벌레가 울더니 올 것이 왔는지도 모를 일이었다. 대관절 어찌된 영문인지 먹은 음식이 소화가 되질 않고 배가 아프고 잠도 잘 오지 않았다. 문풍지가 가만히 울고 있는 산방에서 잠 못 이뤄 뒤척이는 밤이 늘어났고, 아무한테나 자주 짜증을 냈다. 귓속의 벌레 소리는 마(魔)가 헤살을 부리는 거라면서 어머니는 무당을 불러 푸닥거리를 다 했지만 효험이 없었다. 그때야 내남없이 죽을 지경이 아니고서야 감히 읍내 병원에 갔었겠나? 병명도 모르면서 돌팔이 의사한테 주사 몇 대를 맞아 보는 게 고작이 아니었던가? 그러나 나의 병은 어쩌면 내가 잘 알고 있었다고나 할까. 느긋한 마음을 갖지 못하는 데서 생긴 마음의 병이란 걸 알면서도 자신의 마음을 다스리지 못한 것은 나의 한계라면 한계였다고나 할까?

   지금도 그런지는 모르지만, 2차 시험은 하루에 두 과목씩 4일 간을 보게 되는데 이 기간 중에는 다음에 칠 두 과목의 내용을 시험에 앞서 미리 죽 훑어보는 것이 바람직하다. 여덟 과목의 일회 정독에 대개 두 달이 걸리기 때문이다. 이틀까지는 그렇게 할 수가 있었지만 사흘째부터는 정신이 몽롱하고 어지러워졌다. 지금 같으면 링거주사인가 뭔가 하는 주사라도 맞아 보았겠는데, 맹꽁이 같이 그때는 그런 것은 생각조차

할 줄 몰랐다. 2차 시험을 꼭 두 번 봤으나 한 번은 3일째에 한 번은 마지막 날인 4일째에 시험을 포기하고 말았다. 공부가 충분하지 못했다는 걸 깨닫고는 더욱 어지러워 더는 버틸 수가 없었던 것이다. 아무튼 나는 이때부터 낙방거자(落榜擧子)로 전락했으니 죄인이 따로 없었다.

그예 나는 진기가 다 빠져 버렸는지 앉아 있을 수가 없었다. 누워서 책을 펼 때가 많았다. 일탈할 수도 몰입할 수도 없는 세월이 흘러 3년째로 접어들면서는 눈두덩이 푹 꺼지고 창백한 얼굴이 입마저 조금 어슷해졌다. 칼이 짧으면 한 걸음 더 다가서야 할 텐데, 형체만 번듯할 뿐 물러 빠진 몸뚱어리가 밉고 한스러웠다.

1963년(30세, 癸卯) 7월 하순 어느 날, 그렇게도 부러워했던 산사로 들어갔으나 두 달도 채 못 채우고 축 처져서 집으로 돌아오고 말았다. 가정 형편을 번히 알면서 그러고 있자니 마음이 늘 편치 않았을 뿐만 아니라, 가던 날부터 계속 배가 살살 아프고 설사가 났다. 지금 생각하니 이질이었던 것 같다. 약을 사러 십리가 넘는 읍내까지 나가고 싶진 않았다. 산사의 새벽 뒷간은 어찌 그리도 무섭던지……

어느 날 아버지는 가라앉은 목소리로, "독립해라."라고 하셨다. 직업여성한테 장가를 가든지 직장을 갖고 공부를 하든지 하면 좋겠다던 평시의 말씀은 그냥 흘려들었지만 이번에는 아버지의 표정이 너무 진지해서 정신이 번쩍 들었다. 이 말씀을 하시기까지 수없이 생각하시고 또 생각하셨을 아버지의 고뇌를 내가 왜 몰랐겠는가.

그때 아버지는 내가 시험에 붙을 가망이 없다고 생각하셨던 것 같다. 그렇게 생각이 되시자 과묵하신 아버지는 더욱 말씀이 없어졌으리라. 얼마 동안 침묵과 침묵이 부자간에 이어졌다. 이때 부자간에 틈이 생겼다. 아버지가 나를 비판의 눈으로 바라보시는 것이 역력하게 느껴졌다.

"독립해라."라는 부명을 듣고 나니 전신에 맥이 확 풀렸다. 하지만 이때 내가 심지만 확고했더라면 공부를 더 할 수가 있었을 것이다. 등록금 같은 목돈이 드는 것도 아니니 집에서 공부한다면 공부를 할 수 없을 만큼 가정 형편이 어려운 건 아니었다. 그러나 오랫동안 나로 인해 온 가족이 지쳐 있는 상황에서, 아버지로부터 이기주의자란 소릴 들으면서까지 더 이상은 버틸 수가 없었다. 일단 공부를 중지하기로 했다.(31세 봄, 1964, 甲辰) 졸업을 하고 산방에 틀어박힌 지 2년을 넘기고서였다. 집을 떠나서 다시 공부를 계속할 수 있는 방도를 모색하며 잠시 무전여행을 떠나 보았지만 아무런 방도를 얻지 못했다. 그때 만약 어머니의 의문지망(倚門之望)이 없었더라면 나는 끝내 방랑자가 되었을지도 모른다.

서둘러 결혼도 하고(32세, 1965. 乙巳) 밥벌이를 위해 세상에 나왔다.(33세, 1966. 5. 16. 丙午) 행인지 불행인지 모를 보통고시로 해서 4급 을류(지금의 7급) 행정직 공무원으로 겨우 입에 풀칠을 하게 된 것이다. 이때 군사원호청을 마다하고 굳이 내무부 산하를 고집한 것은 나중에 군수라도 할 수 있지 않겠나 싶었기 때문이다. 만약 보통고시에 합격하지 않았더라면 취직하기가 지금보다도 더 어려웠던 그 시절에 산방의 집념을 쉽게 포기할 수가 있었을까. 나의 작은 보루라고나 할 보통고시가 나를 퍽 왜소하게 만드는 하나의 원인이 된다는 것과 취직을 해서 공부하기로 작정한 나의 무지와 오만을 뒷날 내가 자조하게 될 줄은 그때의 나는 알지 못했다. 서제막급(噬臍莫及)이다. 오평생(誤平生)의 선택!

취직한 지 나흘 만에 첫 달 월급을 탔다. 반달 치 월급 2천 몇 백 원 가량이 들어 있는 월급봉투를 내미는 내 얼굴이 풀이 죽어 있었던지 아내는 뜻밖에도 활짝 웃었다. "이걸 다 어따 쓰지." 진심인 것 같은 아내의 이 말은 나를 편안하게 했다. 부모님께 부쳐드릴 돈은 못 되지만 두 사람이 먹고 살 수가 있겠고 무엇보다도 공부를 할 수가 있을 것 같았다. 책을 끼고 출근을 했다. 이웃의 어느 새댁은 이런 나를 두고 어딘가 선비 태가 난다고 하더라는 말을 아내로부터 들었을 때만 해도 나는 미소를 잃지 않았지만, 메케한 담배 연기 속에서 주위의 눈총을 받으면서 책장을 넘기기가 차차 힘들어졌고, 퇴근을 하여서는 단간 사글세방에서 진종일 나만 기다렸을 아내에게 툭하면 짜증을 내고 까탈을 부리곤 했다. 블라우스나 만들어 입으라면서 내가 없는 사이 누가 놓고 간 나일론 옷감을 아내를 시켜 먼 우체국에 가서 되돌려 부치게 하였을 때, 아내는 나의 노란 싹수를 보았을까? 아름다운 떡잎을 보았을까? 단체로 저녁 한 끼 얻어먹는 것도 수뢰죄에 걸릴 것 같아 나 혼자 나가지 않았을 때 이튿날 아래위로부터 쏟아지는 화살이라니, 그 화살을 나는 형벌인 양 묵묵히 받아들였다. 그때 그들끼리 하는 말을 들었다. 공무원은 기생이라고.

  오직 큰아들 하나에 끌려 인생을 걸고 땅을 팔고, 소를 팔고, 돼지를 팔고, 자존심도 팔아 버렸던 그 모험, 그 침묵, 그 고독, 그 비원이 끝내 남의 웃음거리가 되고 말았던 부모님의 낙탁한 실의를 생각하면 사십여 년이 지난 지금도 나는 죄송하고 속상하고 그리고 참으로 분하다.

  "강물은 흘렀어도 돌은 구르지 않았는데, 오나라를 삼키지 못한 것이 한으로 남았구나."(江流石不轉 遺恨失吞吳) 공명(孔明)의 유한(遺恨)에 빗댄 두자미(杜子美)의 우수를 알 것 같다. 한때의 좌절이 이렇듯 일생의 우환이 되었단 말인가.

이후에 살아온 그 세월은 부끄럽다. 교쾌(狡獪)한 명도열객(名途熱客)들한테 끝없이 시달리며 백년(百年)의 직장은 시종 신물이 났지만, 입에 풀칠을 하기 위해 마음에도 없는 녹록한 일을 마지못해 하면서 약약한 세월을 보냈을 따름이다. 미친 파도에 쓸리는 명주(溟州)처럼, 낙도(落島)처럼 외로웠던 그 세월이, 단지 호구 때문에 한세상 기방(妓房)에 몸을 던진 한 여자의 내력과 무엇이 다르단 말인가!

나는 기생질도 서툴렀다.

기생질을 했을망정 삼공육경(三公六卿)이 내 앞을 지나가도 정말이지 나는 눈 하나 깜박이지 않았다. 다만 불학무식한 땔나무꾼한테 나뭇가지가 곧다고 꺾이고 굽었다고 꺾였을 따름이다.

달빛이 그리움이 되고 바람이 말벗이 되었던 그때 그 산방시절이 오늘따라 왜 이리도 새삼스레 가슴 저밀까. 병든 학이 황원(荒原)에 깃들였도다.

박꽃

매화처럼 고고하지도 난처럼 빼어나지도 모란처럼 화려하지도 장미처럼 요염하지도 못하지만, 소란스런 날이 저문 뒤 적막을 머금고 가만히 피어나는 하얀 꽃을 보았는가?

기껏해야 오두막이며 헛간채 초가지붕이나 돼지우리 지붕이나 담장이나 밭둑 같은 곳에서 피어난다. 하늘을 우러러 부끄러울 것이 없다는 듯 하얀 얼굴이 씻은 듯 개결하다. 조신하는 숫처녀처럼 있는 듯 없는 듯 향기를 숨긴다. 시끄러운 곳일랑 빙 돌아 가만가만 황혼을 밟고 호젓이 피어난다. 마침내 아이의 머리통만한 덩어리가 되어 백 가지 열매를 압도하겠건만 도도하지 않다. 나는 그런 글을 쓰고 싶다.

감사의 글

좋은 세월 가뭇없이 보내고, 환갑상 진갑상을 다 받아먹고 나서야 석사 모자를 쓰려고 했다면, 더러는 망령이 났다고 수군거릴 것이고, 되게 독한 놈 봤다고 혀를 찰지도 모르지만, 분노 같은 글 욕심이 황혼의 길목에서 어쩌자고 그만, 반란을 일으키고 말았더이다.

이 반란은, 그러나 필경 많은 분들께 여러 가지로 누를 끼치게 되었을 터입니다.

만날 때마다 건강이 어떠냐고 걱정하시던 코흘리개 적 친구 같은 선생님, 혹시나 의욕이 사월세라 늘 격려하시던 형제 같은 선생님. 흐드러진 벚꽃이 진눈깨비처럼 흩어지던 '러브로드'를 함께 걸으며, 괴팍한 늙은이의 투정 같은 수선을 잠자코 들어 주시던 젊은 교수님. 전공을 바꾼 탓에 학부의 어린 여학생들 틈에 말 난 장에 소가 되어 강의를 들었을 때 신기하게도 가슴이 쿵쿵거렸지만, 자칫 노인 냄새를 풍길까 봐 겨드랑이에 외제 향수를 뿌리던 일. 내 코앞에서 담배연기를 거침없이 내뿜던 조교실의 선머슴들로 하여 도리어 동류의식을 갖게 되던 일. 쌀쌀맞은 어느 교직원 숙녀의 태도가 그래서 오히려 신의가 있어 보이게 될 때까지는 가슴을 누르고 하릴없이 염불을 해야 했던 일. 글쎄, 강산이 네 차례나 바뀌도록 팽개쳐 버렸던 꼬부랑 글이 될 턱이 있을까요? 그래도 오기는 살아 있어, "梅花도 늙으면 많은 꽃송이를 달아 볼 수 없구나!" 이리도 오만을 씹으며 남매지 못을, 똥차를 끌고 네댓 바퀴씩 윙윙거리며 드라브했던 일……. 이 모든 분들과 추억들은 속절없는 이 노야(老爺)의 가슴 한 구석에. 그러나 비석이 되어 남을 겁니다.

이제 이 하찮은 글 몇 줄을 표적인 양 떨어뜨려 놓고, 오늘은 무심히 어디론가 쏘다니고 싶습니다. 남매지로 나가 볼거나.

제6편

9번의 저주
데카르트와 혜능의 수난
안다는 것은 뭔가
백비(白賁)
솔연(率然)
매는 조는 듯이 바위 위에 앉아 있고
꼴값
신발을 신겨 주겠다
무언처(無言處)

9번의 저주

베토벤이 교향곡 9번을 쓰고 이내 숨을 거두었다. 슈베르트, 드보르작크, 부루크너, 슈니트케, 본 윌리엄스 등도 베토벤과 같았다. 세상에 '9번의 저주'란 말이 떠돌게 됐다.

'9번의 저주'를 가장 두려워 한 사람은 구스타프 말러였지 싶다. 심장병을 앓으면서 지나치게도 심약해졌기 때문인지도 모른다. 말러는 교향곡 제8번에 이어 작곡한 교향곡에 9번이란 번호를 달기가 꺼림칙해서 번호를 붙이지 않고 「대지의 노래 테너, 앨토(또는 바리톤) 및 관현악을 위한 교향곡」이란 이름을 붙였다. 이어서 또 다른 교향곡을 작곡하면서 그는 두 번째 아내 알마에게 이렇게 말했다. "이건 사실은 10번이거든. 「대지의 노래」가 9번이니까." "자, 이제 위험은 사라졌다." 하지만 그는 끝내 '9번의 저주'에 걸리고 말았다. 10번을 작곡하던 도중 쉰한 살이 되던 1911년에 죽었다. 생전에 「대지의 노래」의 초연을 듣지 못하고 초연을 그의 친구이자 제자인 부루노 발터에게 맡겼다.

말러에 심취한 발터는 이 곡을 세 번이나 녹음했지만 말러가 죽은 뒤 41년 만인 1952년 5월에 이루어진 두 번째 녹음을 지금까지도 이 곡의 가장 잘 된 녹음으로 치는 사람이 많다. 이때 콘트랄토인 캐슬린 페리어는 테너 율리우스 패짜크와 더불어 빈 필하모니 관현악단과 협연하면서, 사람의 마음을 한없이 쓸쓸하게 만드는 슬픈 음색으로 하여 이 곡의 초절(超絶)한 경지를 드러냈다. 그녀의 나이 마흔 살 때이다. 그러나 절정에 이른 명성을 누리지 못한 채 그 이듬해에 그녀는 갑자기 세상을 떴다. 이 곡의 작곡가도 이 곡을 빛나게 한 가수도 모두 요절하고 말았으니 9는 정말 불행한 숫자인지도 모르겠다.

병든 말러는 동양 사상에 귀의하게 되었다고 한다. 그가 친구로부터 건네받은 『중국의 피리』라는 시집(唐詩) 한 권으로 해서 마침내 은둔과 허무의 사상은 죽음을 앞둔 그에게 위안이 되고 귀의처가 된 것 같다. 「대지의 노래」를 지으면서 특이하게도 이백(李白), 전기(錢起), 맹호연(孟浩然), 왕유(王維)의 시를 업어다가 쓴 내력이 여기에 있다. 그러나 그 시집은 다른 사람이 산문으로 쓴 걸 다시 시의 형태로 고치면서 오역이 많았다. 가사를 만드는 과정에서 원시(原詩)와 상당한 거리가 생긴 것은 말러의 한계였다고 할까. 다만 전 6악장 가운데 제4악장이하는 비교적 원시의 모습이 뚜렷한 편이다. 마지막 제6악장 「고별」과 그 원시의 하나인 왕유의 「송별」을 비교해 보면 더욱 그렇게 느껴진다.

  말에서 내려 술을 권하며
  "어디로 가려는가" 그대에게 묻노니
  "세상일 모두 뜻 같지 않아
  南山 변방에 돌아가 누우려 하네"
  "여러 말 말고 그저 떠나게
   거기는 흰구름 다할 때가 없으려니"

  下馬勸君酒 問君何所之
  君言不得意 歸臥南山陲
  但去莫復問 白雲無盡時

왕유의 이 시를 말러가 수용한 내용을 보면 대략 다음과 같다.

친구여 현세의 행복을 얻지 못했네
이내 몸 어디로 가느냐고 묻는가
외로운 영혼의 휴식을 얻으려
산속으로 헤매어 들어가네

'Ewig…… ewig……' 어디선가 자지러지게 울다가 기진한 듯 나직이 스러지는 페리어의 마지막 노랫소리가 들리는 듯하다. 끝없이 되풀이하여 돌아오는 봄에 부쳐 '영원히(ewig)…… 영원히……'라고 현세를 찬미하는 이 곡의 마지막은 도리어 봄처럼 되풀이 되지 않는 인생의 덧없음에 대한 역설이요, 둔사일 게다. 속절없는 현세의 깊은 슬픔과 막막한 체념이라 할까. 이 곡의 전편에 흐르는, 이승에 대한 아쉬움과 미련과 애착과 절망과 그리고 한없는 사랑을 이 곡의 마지막에서 더욱 애절한 앨토의 목소리로 페리어는 토해 낸 거다.

가을이 깊어 가고 있다. 별이 비끼는 이 밤, 창가에서 구슬픈 벌레 소리를 듣다가 LP 음반을 가만히 턴테이블에 얹어 본다. 벌레 소리와 페리어의 목소리가 음색이 흡사하다. 천년을 두고 만년을 두고 대를 이어 부르고 불러 득음에 이른 것이 벌레 소리라고나 할까. 그런 벌레 소리에 퀘리어의 절창은 핍진했다.

  너무 내대지 말게나. 9번을 두려워한 말러 같은 사람도 우리 수필문단에는 있었던 적이 없거니와 '9번의 저주' 같은 말조차도 아직 생겨나지 않았다. 9번을 뛰어넘는 수필을 쓸 때까지 마땅히 침묵해야 한다.

데카르트와 혜능의 수난

나는, 글이 경지에 이른 사람은 절대로 하지 않는 말이 딱 두 가지가 있다고 생각하는 사람이다. 하나는 글에 앞서 먼저 사람이 되어야 한다느니 인격을 갖추어야 한다느니 하는 말이고, 다른 하나는 글에 철학이 있어야 한다고 하는 말이다. 나는 이 두 가지 말 가운데 어느 한 가지 말만 들어도 속이 메스꺼워 한 사나흘 동안 밥을 못 먹는 사람이다. 사람이 되어야 한다느니 인격을 갖추어야 한다느니 하는 대표적인 사람은 변해명과 정목일이다. 세상 사람들이 자기가 가르치는 아이들로만 보이는 모양이니 이들이야 말로 사람이 되어야 하고 인격을 갖추어야 할 것 같다. 이런 사람들을 상대로 무슨 말을 더하겠는가. 여기서는 철학 타령이 아주 밥이 되어 버린 사람에 대해서

만 두어 마디 해보려고 한다.

　김시헌은 「無知」라는 글에서 이렇게 말했다. "어떤 철학자는 '생각함으로써 나는 존재한다.'고 선언하였다. 그렇다면 모과나무와 비둘기와 꿩은 생각이 없기 때문에 무존재가 되는 것일까?"라고 했다.(『계간 隨筆』창간호, 서울:수필문우회, 1995)

　"나는 사유한다. 그러므로 나는 존재한다."라는 데카르트의 이 양언(揚言)은 직접적이고 직관적인 인식을 말하는 것이지, "모든 사유하는 자는 존재한다." "나는 사유한다." "그러므로 나는 존재한다."라는 삼단논법이 아니다. 우리들은 일체의 것을 의심할 수 있으나(방법적 회의) 우리들이 의심한다는 사실, 우리들이 사유하면서 존재한다는 것만은 의심할 수 없다는, 사유하는 존재의 확실성을 두고 그렇게 멋스럽게 표현한 것에 지나지 않는다. 데카르트의 이 말은, 이를테면 "나는 그녀를 사랑한다. 고로 나는 존재한다."라는 말은 그녀를 사랑하지 않으면 나는 무존재가 된다는 뜻이 아닌 것과 같은 이치의 말이다.

　나는 김시헌의 이 글을 읽고 깜짝 놀랐다. 실망이 컸다. 누구보다도 수필에 철학을 강조하는 사람의 말이라고는 믿어지지가 않았기 때문이다. 데카르트를 근세철학의 시조라고 하는 데는 그만한 이유가 있다.

내가 이런 말을 하는 것은, 데카르트를 공박한 김시헌의 말이 옳지 않다는 뜻이지 데카르트 철학은 옳지 않은 데가 전혀 없다는 소리는 아니다.

물론 글에 철학이 있어야 한다고 하는 말에서 철학이란 데카르트와 같은 철학자의 철학을 뜻하는 것이 아니라 '사상'을 일컫는 말이란 걸 내가 모르는 바는 아니나, 굳이 철학자의 철학에 대해 말을 하려거든 뭘 좀 제대로 알고 말을 해야 하지 않을까? 이 말 한마디를 잘못하는 바람에 김시헌의 이 글은 팥소 빠진 찐빵이요, 굴타리먹은 호박이 되고 말았다.

김시헌의 이 글이 실린 그 잡지는 철학하는 김태길 박사가 발행인이었으니 그가 김시헌의 이 글을 읽었을까? 읽고도 몰랐을까? 알고도 함구했을까?

수필에 철학을 강조하는 대표적인 사람이 김시헌 외에 김규련이 있다. 김규련의 수필이 철학 수필인지는 모르겠으나 우선 용어가 엉망진창이다. 이 점에 대해선 내가 이미 다른 글에서 자세히 지적한 바 있기에 여기서는 몇 가지만 들춰 보기로 한다.

그는 난(蘭)의 향기를 암향(暗香)이라 했다. 주지하다시피 암향이란 말은 "疎影橫斜水淸淺 성긴 그림자 가로 비끼는 물 맑고 옅은데/ 暗香浮動月黃昏 어둠 속 향기 떠돌고 달은 아슴푸레하다."(「山園小梅 抄」라는 임포(林逋)

의 시에서 유래하거니와 이후 암향이란 말은 사람을 두고도 쓰는 경우가 있지만 매화의 향기를 뜻하는 말이 되었다.(『隨筆公苑』,「蘭을 바라보며」, 통권 4호, 서울:태양사, 1983.) 난초의 향기는 통상, 유향(幽香)이라 한다. 잡초 속에 숨은 향기란 뜻이다. 「말이 없는 친구들」이란 글에서 "이런 나에게 아침마다 살가운 미소로 반겨 주는 너희들이 있어 고졸한 내 생활에 기쁨이 그윽하다."라고 했다. 자신의 생활을 두고 '고졸한'이라 표현한 것은 귀에 거슬린다. '고졸하다'는 말은 "(작품이나 분위기가) 기교는 없으나 예스럽고 멋이 있다."라는 뜻이기 때문이다.(『수필세계』, 2010, 봄호, p. 20.) 「겨울 산책」이란 글에서 "……엄동설한에도 흠향할 수 있는 계절의 향취가 있음에랴."라고 했다. 김규련은 아직 죽지 않았다. 어찌하여 살아 있는 사람이 흠향(歆饗)한다고 말하는가? 고금에 없는 망언이다.(『수필세계』, 2010, 겨울호, p. 21.) 「개구리 소리」에서, "열반이라 함은 번뇌의 불길을 불어서 끈다는 취소取消(nirvana)의 뜻이 아닌가."라고 했다.(金奎鍊:『강마을』, 서울:汎友社, 1982 /金奎鍊:『귀로의 사색』, 대구:도서출판 그루, 2003 /金奎鍊:『즐거운 소음』, 서울:좋은수필사, 2007) 여기서 取消는 吹滅이라야 옳다. 굳이 '취소'라고 하려면 吹消라고 하면 모를까. 단어 하나를 트집잡는다 할지 모르지만, 이 문장은 이 단어가 틀리면 문장이 아니요, 이 문장은 이 글의 추뉴(樞紐)의 하나이기 때문에 문제삼지 않을 수 없다.

이것은 실수가 아니다. 이 글이 그가 내세우는 대표작의 하나일 뿐만 아니라 오랜 세월을 두고 여러 지면에 실렸기 때문이다. 그만큼 김규련 자신이 이 글을 살펴볼 기회가 많았다는 말이다.

또 이 글에서, "개구리 소리를 밤이 이슥하도록 혼자 듣고 섰으면 드디어 열반의 경지에서 불사선(不思善) 불사악(不思惡)을 느끼는 순간을 맛보게 된다."라고 한 것은 적절치 않다. 불학에 판무식인 나 같은 사람도 아는 얘기이긴 하지만, 우선 "선도 생각하지 말고 악도 생각하지 마라."(不思善 不思惡)라는 이 말과 관련하여 불문에 전해져 내려오는 이야기 하나를 지루하나마 다시 음미해 보기로 한다.

의발(衣鉢)을 빼앗으려는 혜명상좌(慧明上座)한테 육조(六祖) 혜능(慧能)이 남방으로 쫓겨 대유령(大庾嶺)에 다달았다. 혜명상좌가 당도한 것을 알아차린 육조는 의발을 바위 위에 놓고 이렇게 말했다. "이 의발은 믿음을 표시하는 것인데 완력으로 어찌 다툴 것인가. 그대가 가지고 가려거든 가지고 가라." 혜명상좌가 그것을 들려고 하니 산과 같아서 움직이지 않았다. 깜짝 놀라 벌벌 떨면서 말했다. "내가 법을 구하러 왔지 의발 때문은 아니오. 원컨대 행자 육조는 가르쳐 주시오." 혜명은 상좌요 육조는 행자였지만 깨달음에 있어서 그런 지체며 위계 같은 것이 무슨 소용이 있겠는가. 이에 육조가 말하기를, "선도 생각하지 말고 악도 생각하지 마라. 이러할 때 어떤 것이 (혜명)상좌의 본래면목인가?"(不思善不思惡 正當恁麼時 那箇是上座本來面目)라고 했다.(『無門關』제23칙 抄)

　위에서 "내가 법을 구하러 왔지 의발 때문은 아니요. 원컨대 행자 육조는 가르쳐 주시오."라는 혜명상좌의 말끝에 육조가 한 말이, "선도 생각하지 말고 악도 생각하지 마라."였다. "내가 법을 구하러 왔지 의발 때문은 아니요."라는 혜명상좌의 말은 겁에 질려서 한 거짓말이었다. 실은 의발을 빼앗으려고 온 것이 아니었던가. 이것이 육조가 말한 악이다. "원컨대 행자 육조는 가르쳐 주시오."라는 혜명상좌의 말은 잘못을 뉘우친 말이다. 이것이 육조가 말한 선이다. 요컨대 육조는, 비단 선악뿐만 아니라 일체의 상대적 분별심에서 초탈하여 자신의 본래면목을 깨쳐야 한다는 뜻으로 '불사선 불사악'이란 말을 한 것이었다. 부모미생전(父母未生前)이니 천지미분전(天地未分前)이니 하는 말들 또한 이 본래면목이란 말과 맥락을 같이 하거니와, '불사선 불사악'이 되어 자신의 본래면목을 깨쳐야만 구경의 경지인 열반에 이를 수 있는 것이거늘, "열반의 경지에서 불사선(不思善) 불사악(不思惡)을 느끼는 순간을 맛보게 된다."라는 김규련의 말은 갑자을축이 을축갑자가 되었으니 우습지 아니한가.

같은 글에서, "문명의 소리가 동動이라면 자연의 소리는 정靜이다. 그리고 개구리 소리는 선禪인지도 모른다."라고 한껏 멋을 부렸다. 개구리 소리도 자연의 소리다. 개구리 소리만을 자연의 소리에서 분리하여 선의 소리라고 하고 이를 자연의 소리에 대비시킨 것은 논리에 어긋난다. 논리에 어긋나면 이미 문장이 아니다. 한낱 무문농필(舞文弄筆)에 지나지 않는다.

　이 몇 마디 말들 때문에 김규련의 「개구리 소리」는 귀때 떨어진 주전자요, 족자리 깨진 중두리가 되고 말았다.

　글에 철학이 있어야 한다고 떠드는 자들의 말은 글에 철학이 드러나야 한다는 뜻으로 하는 말인 것 같다. 그러나 양분이 과일 속게 숨어 있듯이 철학은 글 속에 숨어 있어야 한다. 철학을 드러내려 하다 보면 글이 설명이 되고 평면적이 되어 버린다.

　삼십 년이 다 되어 가는 옛날 얘기다, 포항고등학교 교장인 김규련이 어디서 보았던지 나의 「돌계단」이란 글을 두고 철학이 보이지 않는다고 묻지도 않은 소릴 했다. 뭣 때문인지 잔뜩 교가 나 있는 눈으로 어찌 무언처(無言處)에 숨은 철학을 알아볼 수가 있었겠는가? 철학을 숨길 줄 모르는 사람과는, 숨은 철학을 알아볼 줄 모르는 사람과는 더불어 글을 논하지 말라.

半畝方塘一鑑開
    반 이랑 네모 못이 하나의 거울로 열리니
天光雲影共徘徊
    하늘빛 구름 그림자 함께 배회하네
問渠那得淸如許
    이 도랑이 이리 맑은 까닭을 묻는가
爲有源頭活水來(一作, 怪來澈底淸無滓)
    원두에서 활수가 흘러오기 때문이라네

주자의 「관서유감」(觀書有感)이란 시의 일부분이다. 「無知」나 「개구리 소리」와 같은 꽤 유식해 보이는 글들을 대하면 문득 이 시가 떠오른다.

안다는 것은 뭔가

전화로 어느 시조시인과 "채국동리하"(採菊東籬下)라는 시구를 두고 한담을 나누다가 그로부터 타박을 받은 적이 있다.

도연명이 알고 한 말인지는 모르지만, 국화는 서방 금기(金氣)를 타고났기 때문에 동쪽 울타리 밑에 심어야 서쪽의 햇볕을 잘 받을 수 있다고 말하다가 그런 점에서는 담과 울타리가 같다고 했더니 그는, 내 말을 마저 들어 볼 생각도 않고 "담과 울타리는 달라요."라고 강한 어조로 대뜸 내 말을 잘라 버렸다. 그것도 모르느냐는 듯 약간 빈정거리는 어투로 담과 울타리에 대해 장광설을 늘어놓는 것이었다. 나는 담과 울타리도 분간할 줄 모르는 사람이 되고 말았던 거다.

옛날 농촌에는 담 대신에 울타리를 치기도 했다. 담보다 손쉽기 때문이겠지만 울타리는 담보다 오히려 운치가 있었다. 왜정 시대에 태어나서 서른이 넘도록 한촌에 살았던 내가 당시엔 흔해 빠진 게 울타린데 설마 그걸 보지 못했겠는가? 내가 담과 울타리가 같다고 한 것은 경계를 짓는다는 점에서 같다는 말이었는데, 그의 말은 경솔하기 짝이 없었다. 고함을 질러 버리려다가 꾹 참고 우회적으로 울타리에 얽힌 나의 추억담을 죽 늘어놓았던 적이 있다.

그가 그의 수필집 『친구냐 원수냐』를 보내왔다. 전화를 했더니 그 책으로 '원종린 수필문학상'을 탔다고 했다. 다음에는 박 선생이 탈 수 있도록 그 준비 차원에서 박 선생의 『겁탈』이란 수필집을 우선, 자기가 아는 심사위원한테 보내 보면 어떻겠느냐는 취지의 말을 했다. 내가 출간 준비 중인 수필집은 내년(2012년)에 내라고도 했다. 나는 한마디로 일축하고 나도 모르게 언성까지 높이고 말았던 적이 있다.

그의 『친구냐 원수냐』라는 수필집에 실려 있는 「법정 스님과의 인연」이란 글에서 헨리 데이빗 소로우를 찬양하다가 "그는 간소한 생활을 실천하기 위해 월든 숲속에 작은 오두막집을 짓고 평생을 살았던 사람이다."라고 했다. 깜짝 놀랐다. 소로우가 통나무집에 혼자 산 기간은 불과 2년(1845⟨28세⟩~1847⟨30세⟩) 정도밖에 되지 않는다. 그는, 자기가 본 책에는 그렇게 돼 있노라고 바득바득 우겼다. 같잖게도 속이 빤히 비치는 이런 변명을 나더러 곧이들으라고 하는 소린가?

동양적 시각에서 본다면 소로우의 사상은 논외로 하고 그가 혼자 숲 속에서 2년간 살았던 그 사실 자체는 그리 대단한 것도 못 된다. "강에 잉어가 뛴께 사랑방 목침이 뛴다."더니 이름깨나 있는 법정 화상이 뭐라고 한마디하자 그 아류들이 소로우의 『월든』(일명 『숲속의 생활』)을 필독서니 뭐니 하고 치켜세우며 야단법석을 떨어댄다.

일 년 반 만에 그와 점심을 같이 했다. 자리에 앉자마자 책을 한 권 주기에 무심히 펼쳐 보았다. 시집이었다. '징검다리'라고 해야 할 것을 '돌다리'라고 했기에 이 양반이 혹시 돌다리와 징검다리를 분별할 줄 모르는가 싶어 유도신문을 해 봤다. 개울이나 물이 고인 곳에 돌이나 흙더미를 드문드문 놓아 그걸 디디고 물을 건널 수 있도록 한 다리를 두고 돌다리라고 했느냐고 물었더니 그렇다고 했다. 그건 징검다리지 돌다리가 아니라고 했더니 자기 고향에서는 돌다리라고 한다고 했다. 징검다리와 돌다리를 분별할 줄 모르는 걸 비웃을 생각은 없다. 하지만 자기 고향에서는 징검다리를 돌다리라고 하니 징검다리를 돌다리라고 해도 좋다는 주장은 글을 쓰는 사람의 할말은 아니라고 반박을 했더니 그는 고향에서는 그렇게 부른다는 말을 자꾸 되풀이했다. 자기가 본 책에는 소로우가 평생 동안 숲속의 통나무집에 혼자 산 걸로 돼 있노라고 되풀이해서 중얼거리던 그의 말이 생각났다.

그는 숟가락을 놓기가 무섭게 발딱 일어나는 성미인지라 어쩌는가 보려고 오늘은 내가 먼저 숟가락을 놓자마자 발딱 일어났더니 눈이 뚱그레지며 따라 일어나지 않고 미적거렸다. 할말이 있다는 눈치였다. 이번에 박 선생이 책을 내면 20권을 사겠단다. 지은 죄가 너무 많아서 속죄하는 마음이라고 했다. 죄라고 함은 20년이 훨씬 넘도록 만날 때마다 얻어먹기만 하고 좀체 식대를 내지 않았던 걸 두고 한 말이다. 책을 나한테서 직접 사겠다고 하기에 사려거든 서점에서 사라고 톡 쏘아붙였다.

연전에 『대구문학』에 낸 나의 원고 가운데 '뿐만아니라'라고 한 것을 '뿐만 아니라'라고 누가 고쳤다. 기분이 언짢아서 항의를 했다. 나는, 天地를 '하늘 땅'이라 띄어 쓰지 않고 '하늘땅'이라고 붙여 쓰는 것이 옳듯이, '뿐만 아니라'를 한문으로는 不啻(불시), 何啻(하시), 奚啻(해시)라고 하기 때문에 이 또한 붙여 쓰는 것이 옳은 줄로만 알고 있었다. 전화를 받는 여자는 잠잠히 듣기만 하더니 나중에 그쪽에서 전화가 걸려 왔다. 기분이 몹시 나쁜 듯한 어조로, 띄어서 쓰는 것이 옳다고 했다. 나는 코가 납작해졌다. 내가 실언을 했노라고 양해를 구하면 될 걸 낡은 국어사전 탓을 했다. 내 말은 그의 변명과 무엇이 다른가.

공자가 자로에게 가르친 말 가운데 이런 것이 있다. "유(由)야! 네게 안다는 것에 대해 가르쳐 주마. 아는 것을 안다 하고 모르는 것을 모른다고 하는 것이 참으로 안다는 것이다."

모르는 것을 모른다고 말하기가 거북할 때도 있지만 모른다는 말을 하고 나면 참 이상도 하지, 무거운 짐을 내려놓은 듯 심신이 그렇게도 홀가분할 수가 없다.

나는 팔순이 가까워져서야 소크라테스의 말을 음미할 때가 많다. "나는 모른다는 것을 안다."

백비 白賁

가도(賈島)가, "중은 달 아래 문을 두드리네."라고 할까, "중은 달 아래 문을 미네."라고 할까를 두고 고심했듯이 글은 부단히 고쳐야 한다. 헤밍웨이는 『노인과 바다』를 이백 몇 번이나 고쳤다 하지 않는가. 고친다는 건 꾸미는 것이다. 어떻게 꾸밀 건가.

옛날의 귀부인들은 비단 옷을 입은 뒤에 경의(褧衣)라고 하는 얇은 홑옷을 덧입었다고 한다. 경의의 소재는 삼베라는 설도 있고 모시라는 설도 있다. 경의로 외화(外華)를 경계하는 것이 참으로 옷을 잘 입는 거라고 생각한 것 같다. 나는 한동안 남방셔츠 색깔을 자주 바꾸고는 했었는데 이제는 흰색만 좋아한다. 꾸미기가 궁극에 다다르면 '흰색으로 꾸민다.'라는 뜻을 가진 백비(白賁)라는 고인의 말이 똑 나 들으라고 한 소리인 것 같아 씩 웃음이 나온다. 그러나 나의 남방셔츠 색깔이 흰색인 줄은 내가 알지만 나의 글들이 흰색인지 아닌지는 내가 모른다.

꾸미는 데 빠지다 보면 비단옷처럼 화려해져서 거짓되게 되기 쉽다. 흰색으로 꾸민다는 말은 꾸미지 않는다는 말이 아니라 화려함으로 해서 본 바탕을 잃을까 염려해서 한 말이다.

흰색도 색이다. 무색이 아니다. 흰색도 꾸미는 것이다. 그러나 그 꾸밈은 정직하다. 무슨 색이든 무슨 내용이든 그대로 내보이는 색이 흰색이다. 모든 색의 바탕이 되면서도 모든 색을 초월한, 눈부시게 아름다운 색이 흰색이다. 모든 말의 바탕이 되면서도 모든 말을 압도하는, 심금을 울리는 말이 정직이다. 흰옷 입은 여자 앞에서는 나는 늘 마음이 흔들리고 흰 종이를 대하면 나는 항상 가슴이 뛴다. 정직한 여자 앞에서는 나는 늘 파계승이 되고 정직한 글을 읽으면 나는 항상 연서를 읽는다.

내가 글을 꾸미는 기본 정신은 더 정직한 글이 되게 하려는 데 있다. 부끄럽고 누추하고 초라해도 정직하려고 애쓴다. 겸양은 때로 같잖은 오만이 된다. 정직하지 않기 때문이다. 오만은 때로 사람을 즐겁게 한다. 정직하기 때문이다. 정직하려는 이 노력은 독자에 대한 수필의 최소한도의 예의라고 생각한다.

솔연 率然

요즘 젊은이들 얘기로는 머리가 크면 외계인이요, 다리가 짧으면 F학점, 배가 나오면 파면감이라고 한다.

중년이후가 되면 조금 달라진다. 머리는 치매만 안 걸리면 족하고 다리는 관절염이나 골다공증 같은 것만 안 걸리면 되는 모양이지만 배가 나오면 파면감이 아니라 송장감으로 여긴다. 등산이다, 수영이다, 뭐다, 뭐다……. 선불 맞은 멧돼지가 되어 간다. 배가 나오지 않을 것, 이것은 남녀노소를 막론하고 현대인의 화두다.

미래에는 머리가 좋기보다는 가슴이 따뜻하고, 다리가 미끈하기보다는 심성이 넉넉한 사람이 세상을 지배하게 될 것이라는 얘기가 심심찮게 나온다. 가슴이 따뜻한 사람, 듣기만 하여도 가슴이 따뜻해진다. 미래가 아니라 현재도 가슴부터 보자는 사람들이 있긴 있다. 의사들이다. 병원에 가면 머리와 팔다리에 청진기를 들이대는 의사는 없지만 병원이 아닌 곳에서는 대뜸 머리와 팔다리에 청진기를 들이대는 또 다른 이름의 의사가 있다. 말하자면 수필의 의사들이다.

  수필 같은 짤막한 글에도 대가리가 있고 몸통이 있고 꼬리가 있는 모양이다. 어떤 사람들은 말하기를 대가리를 잘 내밀어야 한다고 하고, 어떤 사람들은 꼬리를 잘 사려야 한다고 하는가 하면, 또 어떤 사람들은 대가리와 꼬리가 잘 어우러져야 한다고 말한다. 이들의 하는 말이 얼마나 교묘한지 듣고 있노라면 넋을 잃을 지경이지만 말이 그렇지 그게 어디 입맛대로 되던가.

  그러나 아직 몸통부터 들고 나오는 사람은 없는 것 같다. 이런 사람들까지 나온다면 수필 쓰기가 점점 더 어려워질 것 같다는 생각이 든다.

  대가리를 말하는 사람들은 떡잎만 보아도 장차 줄기, 가지, 꽃, 열매까지도 어떠할까를 대번에 알 수 있다고 눈썹을 치킨다. 신기한 재주이다. 도미(掉尾)를 찬양하는 사람들은 이를테면 꼬리만 보면 대가리와 몸통을 보지 않아도 담비인가 개인가를 당장 알아차릴 수가 있다는 사람들이다. 신기한 재주이다. 대가리와 꼬리를 아울러 살피겠다는 사람들은 수미(首尾)가 조응하는 목목(穆穆)한 기운을 본다는 사람들이다. 신기한 재주이다. 그들은 모두가 남의 글은 대가리며 꼬리만 읽을 사람들이다.

옛날 중국 회계(會稽)의 상산(常山)에 솔연(率然)이라는 이름을 가진 이상한 뱀이 있었는데, 대가리를 건드리면 꼬리가 이르고 꼬리를 건드리면 대가리가 오고 허리를 찌르면 대가리와 꼬리가 함께 이르렀다. 손무(孫武)는 말하기를 용병을 잘하는 사람은 이 뱀과 같다고 했다. '상산진'(常山陣)이니 '상산사세'(常山蛇勢)니 하는 말들은 모두 여기에서 나온 말이다.

서두를 떡잎에 비기는 사람들이나 결미를 짐승의 꼬리에 견주는 사람들, 그리고 대가리와 꼬리를 동시에 저울질하는 사람들, 이러한 사람들의 들레는 소리에 귀가 먹먹해질 때면 나는 차라리 '솔연'이라는 상산의 이 뱀을 좀 만나 보아야겠다는 생각을 해 보기도 하지만 구태여 상산까지 가서 어렵게 '솔연'을 만나랴! 머리는 외계인, 다리는 F 학점, 몸매는 파면감이라 하더라도 가만히 바라보고 있으면 사람의 마음을 흔드는 그러한 여자를 만날 일이다. 배운 것도 가진 것도 내세울 것도 아무 것도 없다 하더라도 가만히 바라보고 있으면 사람의 마음을 편안하게 하는 그러한 남자도 찾아 볼 일이다.

매는 조는 듯이 바위 위에 앉아 있고

팔순이 훨씬 넘은 나이에 이름을 얼마나 더 내야 당신의 탐심이 족하겠소? 수필의 우상으로 떠받들어지고 있는데도 노욕이 끝이 없는가 보이. 그렇게 내대고 돌아다니니까 당신의 글이 누추하고 교만하단 소릴 듣지.

"○○○는 글도 좋고 사람도 됐어."라느니, 논문이 될는지는 모르지만 그런 글을 수필이랍시고 내놓는 사람이 두 사람 있다느니 그런 소리를 만인이 보는 잡지의 대담에서 나잇살이 먹은 사람으로서, 수필의 우상으로 대접받는 자로서, 더욱이 툭하면 불법을 떠벌리고 참선을 들먹이는 자로서 입에 담을 소리요? 행주좌와(行住坐臥)며 어묵동정(語黙動靜)이 모두가 수행 아닌 것이 없거늘 말을 함부로 한대서야 어찌 여법(如法)한 수행이라 하겠소? 온갖 분별심에 빠져 있는 주제에 가부좌를 틀고 앉아 참선 흉내를 낸다고 해서 여여(如如)한 선이 되겠소? 아마도 당신은 선병(禪病)이라는 고질에 단단히 걸린 게 아닌가 싶소. 남을 비판하는 것은 남에게 깨달음을 주지만 남을 비아냥거리는 것은 다만 자신의 구업을 짓는 짓일 뿐이란 걸 당신이 정녕 몰라서 그러오?

 '논문일지는 몰라도'라는 그런 비아냥거리는 소리는 점잖은 사람의 어투가 아니야. 특정인을 거명하여 "○○○는 글도 좋고 사람도 됐어."라고 했지만 속내는, 글은 좋은지 몰라도 사람이 돼먹지 않은 인간이 있다고 말하고 싶었겠지. 그러고도 툭하면 하심이니 방하착이니 하고 떠들어대다니, 야비하고 교활해.

 당신의 책을 펴면 인용이 너무 많다는 것이 첫 인상이야. 얼른 보면 꽤 유식해 보이지만 인용한 말의 원전을 물으면 얼버무린다든지 엉터리 소리를 하지 않았었소? 삼십 년이 다 되어 가는 옛날 당신은, "桐千年老恒藏曲 梅一生寒不賣香"을 박지원의 시라고 내게 말한 적이 있소. 이십여 년이 지난 뒤에는 양사언의 시라고 말을 바꾸더니, 근년에서야 어디서 귀동냥을 했는지 신흠의 시라고 하더군요.

 당신은 특히 윤오영의 저술에 나오는 고사며 한문 문장은 거의 다 써

먹었더군. 윤오영도 자신의 말이 아니라 인용한 것이지만 세월이 지나고 나면 누가 먼저 인용했는지 모르게 될 테지. 당신은 바로 이 점을 노린 거란 걸 아는 사람이 없을 줄 알았는가요?

인용은 이를테면 여러 마디 해야 할 내용을 한 마디의 인용으로써 갈음할 수 있다든지, 인용을 함으로써 의미가 더 두드러지게 된다든지, 자신은 전면에 나오지 않고 인용문으로 하여금 말하게 함으로써 뜻을 함축시킬 수 있다든지 하는 등등의 경우에만 해야 할 텐데, 당신의 인용은 아는 것을 자랑하고 싶어 못 배기는 사람으로 보이게 해. 그래서 당신의 글이 현학적이 돼 버린 거요.

당신은 인용에 그치지 않고 한자로 새로운 말을 만들거나 이미 있는 한자어를 엉구어서 새 말을 만들더군. 이런 짓거리를 하다 보니 글이 요설이 되고 만담이 되고 끝내 교만하고 누추해지지 않았나 싶소.

이러한 허장성세는 당신이 학문이 없기 때문이라고 생각되오. 독학으로 무슨 공부를 얼마나 했는지 모르겠지만 이를테면 수학에 별로 소질이 없다면 이 바쁜 세상에 홀로 무슨 청승으로 고등 수학을 공부하려 했겠소. 입에 맞는 것만 이것저것 잔뜩 취했겠지. 그러니 당신의 그 알량한 불교 철학이 균형 잡힌 지적기반 위에서 이루어진 것이 못된단 말이오. 외국의 명문 대학교에서는 철학박사 학위논문 심사위원 중에 반드시 이학박사 한 사람이 낀다고 하는 말 들어 보지도 못했나요?

　언제부턴가 학벌보다는 실력이라고 떠들어대지만 이 말은 어폐가 아주 많아. 학벌보다는 기술이라고 하면 좀 말이 되는 경우도 있겠지만……. 이 나라를 이끄는 사람들은 현재도 거의가 명문 대학 출신이 아닌가요. 명문 대학을 나온 사람은 실력이 없는가요. 학벌이 없는 사람이 학벌이 높은 사람보다 어찌하여 실력이 더 나은지 나는 그 놈의 실력이란 게 뭘 말하는 건지, 실력이 없어 모르겠소. 하기야 도끼 든 사람하고 바늘 든 사람이 싸우면 도끼 든 사람이 진다는 말이 있듯이, 설사 박사학위를 가진 자라도 그 사람이 제대로 된 대학을 나오지 않았다면 그런 사람하고 토론을 해 보면 만날 지게 된다고 하더군요.……. 어찌나 민감하고 자존심이 강한지 화약고 같다고 해. 그런 사람을 대하면 피로해서 슬슬 피한다더군요. 윤오영의 수필에 인용이 많은 것이라든지, 대학 졸업 몇 개 폭의 박학과 문학 지식을 가졌다고 자신의 입으로 뻐긴 박연구의 같잖은 오만 같은 것 등은 학력 콤플렉스와 무관하지 않은 것으로 보이고, 김소운의 문장이 공격적이고 요설인 것 또한 자칭 '도서관 대학' 출신인 때문으로 나는 생각하오.

욕먹을 소린지는 모르지만 나는 책을 한 권 사도 저자가 어느 고등학교를 나와서 어느 대학교 어느 학과에 들어갔나 하는 것부터 먼저 봅니다. 이를테면 인문계 고등학교를 나와서 겨우 명문 사립 대학교에 들어갔다면 그 책을 절대로 안 사오. 어디로 유학을 했으며 무슨 학위를 취득했는지 어느 대학의 선생인지는 개 똥 보듯 하고……

머리에 맞춰 학사학위 모자를 쓰고 머리에 맞춰 부모덕에 유학 가고 학위 따고 돌아와 어찌어찌하여 출신 대학교 선생이 되어서는 나 대학 선생이요라고 하는 꼴 가관이야. 판검사나 고급관리처럼 국가고시에 붙은 것도 아니잖소? 국가 백년대계를 위해서는 판검사나 관리보다도 교직이 더 중요하다는 걸 안다면 선생 특히 대학 선생의 선발을 국가가 독점해야 하지 않을까 싶소. 전국의 대학 선생을 S대 출신이 다 차지하면 뭐가 어떻다는 건지? 정부 요직을 K대 출신이 다 차지하면 왜 안되는지? 최상의 인물이라면 경상도 출신이 검찰 고위직을 다 차지하면 왜 안되는지? 최고의 대학, 최선의 정부, 최상의 검찰을 국민은 원하지 않는다는 말인지?

S대는 달달 외우기만 해서 들어가는 대학이라느니, 그래서 S대 출신들이 창의성이 없다느니, 자신이 정부각료를 지낼 때 놀랍게도 S대 출

신이 각료의 과반수가 넘었는데 어떻게 창의성 있는 정책이 나올 수가 있었겠느냐느니, 자신도 S대 출신으로 S대 교수만 했기 때문에 이런 소리 할 수 있다느니, 하고 어떤 분이 텔레비전에서 핏대를 올리더군요. 얼른 들으면 무슨 양심고백 같아서인지 청중의 박수 소리가 요란하더군요. 수학을 못하면 절대로 S대에 들어갈 수가 없는데 수학이 암기로 되던가요?

철학박사 학위논문에 "이 학설에 좌단(左袒)할 수 없다."라고 했더니 지도교수 왈, '좌단'이란 말을 자기는 알지만 다른 학자들은 모르니 바꾸라고 하더래요. 싸우기 싫어 '찬동'이라 고쳤더니 바로 그 말이라고 좋아하더라나. 다음에는 "이를 강구(講究)코자 한다."라고 했더니 '강구'라는 말을 자기도 모르거니와 전국의 어느 대학 선생도 못 알아들을 거라고 하더래요. 순간 그 친구는 놀라기도 놀랐지만 자신의 귀를 의심했다더군요. '강구한다'는 말은 그 친구며 그 또래들은 중고등학교 때부터 골백 번 사용했던 말인데 그런 말을 대학 선생 특히 철학 선생이 모른다니……. 요즘 대학 선생이란 자의 수준이 고작 이런가요? 자기가 모른다고 해서 남들도 모를 거라고 말하는 그 오만과 무지를 학자의 권위로 아는 얼치기 대학 선생. 하도 같잖아서 모르거나 말거나 그냥 뒀더니 부루

통해지더래요. 이런 사이비 학자가 학위를 심사하는 대학이 뭐 명문 대학이 되겠다고? 웃기는 소리. 귀신 씻나락 까먹다가 재채기하는 소리.

　학벌이 없는 사람은 흔히 지식을 버리고 지혜에서 글을 쓰라고 한 소식하는 사람처럼 목청을 높이고 있지만, 그런 말은 당신의 경우처럼 학력 콤플렉스에서 나온 소린 것 같아. 어찌어찌하여 문단에 나오고 보니 망양지탄(望洋之嘆)이 저절로 나왔겠지. 서까래 나팔 부는 집에 태어나 우선 무슨 생화라도 해야 할 판국에 체계적인 공부를 할 수 있었겠나. 궁여지책으로 불교 책 떨어진 조각에서 '반야'란 말이 눈에 뜨였던 모양이야! 지혜, 지혜, 지혜라고 떠들지만 반야의 지혜가 어디 예사 지혜요? 또 돈오(頓悟)와 점수(漸修)라는 말을 어디서 주워듣고는 "옳지 됐다, 돈오야 돈오!"라고 했을 거야.

　내가 「창랑가를 읊으며」(1984 /『동양문학』, 1988, 9월호)라는 글에서 "허연 이빨을 드러내고 껄껄 웃어댈 것인가?"라고 한 것도, 「은하수에 떠 있던 하얀 별 하나」라는 글에서 '창맹(蒼氓)'이란 단어를 쓴 것도(『월간문학』, 2001, 5월호.), 「萬古心」이란 수필을 발표하여 '萬古心'이란 말을 한 것도(『계간 수필』, 2008, 겨울호, 서울:수필문우회, 2008) 문단에서 내가 효시인데, 당신이 얼른 끌어다가 적당히 써먹었더군! 물론 당신을 탓하는 건 아니야. 이런 식으로 남산

검불 북산 검불 그러모아 조각보를 만들고, 툭하면 조사나 선사의 어록이나 게송 같은 데서 훔친 말을 조금 고친 뒤 마치 자신의 목소린 양, 자신의 철학인 양하는 당신의 재능이 놀라울 뿐이야. 그러나 신인들의 글에는 철학이 없다고 연방 타박을 줘서 장래가 만 리 같은 신인들의 기를 죽인 당신의 그 죄, 그 구업을 다 어쩔 거여? 업화는 결코 미지근한 불이 아니란 걸 누구보다도 당신이 더 잘 알 거 아닌가요?

명작 수필집인가 뭔가 하는 책을 보았더니, 대표작이란 것이 작자의 등단작이거나 초기의 작이 많더군요. 당신도 다르지 않아. 이건 뭘 뜻하는가? 진실로 근본이 없다면 오뉴월 소낙비와 같아서 크고 작은 도랑들이 모두 차지만 그 물이 말라 버리는 것은 서서 기다릴 수 있다고 한 사람이 맹자였던가. 이런 걸 두고 유협은 "볼기에 살이 없으면 그 걸음걸이가 머뭇거린다."(臀无膚其行次且:『周易』夬卦)라는 『주역』의 말을 그의 『문심조룡』(文心雕龍)에다가 원용했다는 것쯤이야 사흘돌이로 수필 강의를 하러 쏘다니는 당신이 모를 리가 없겠지. 아니야, 내가 한때 모처에서 『주역』을 강의하고 있을 때 누가 당신한테 같이 강의 들으러 가자고 하니 "점쟁이 될 텐가?"라고 비아냥거리더란데, 책 전체가 온통 『주역』이라 해도 과언이 아닌 『문심조룡』을 거들떠보기나 했겠소. 읽으려 해도 당신은 땅띔도 못할 거야. 한문의 문리에 능한 사람이라 하더라도 『주역』을 제대로 모르면 아무리 읽어도 수박 겉핥기일 뿐인 책이 『문심조룡』이거든. 이 책을 꼭 읽어야 수필 강사가 될 자격이 있다고 말하는 것은 아니지만 이 책을 읽을 만한 능력은 있어야 하지 않을까.

    그대의 글이 대체로 누굴 가르치려 든다는 것은 알고 있나요? 평생을 아이들이나 가르치다 보니 팔십이 넘어도 그 버릇 못 고치거든. 이리저리 쥐어짜 본들 만날 그 소리가 그 소리지. 팔순에 종사병(宗師病)이라, 너무 내대지 말게나. 매는 조는 듯 바위 위에 앉아 있고 호랑이는 병든 것처럼 걷지 않던가.

꼴값

아내와 허물없이 지내는 이웃의 한 노파가 있다. 그녀는 서예와 그림으로 국전은 아니지만 상을 많이 탔다고 자기 자랑을 하는 사람이다. 통장 노릇으로 주민에게 봉사하는 사람이기도 하다.

하루는 그녀가 손자 이름을 다시 지어 달라고 나를 찾아왔다. 연전에도 백지 이름을 지어 달라 해 놓고선 쓰지도 않더니 이번에는 지어 준 이름이 마음에 안 든다며 다시 지어 달라는 거였다.

서재에 들어서자마자 "웬 매화 그림이 이리도 많지."라고 투덜거리듯 했다. 국전 심사위원의 작이라 했더니, 아니꼽다는 듯, "국전 심사위원 쌔발렀심더."라고 톡 쏘며 냉소를 지었다. 옛날에 그녀가 아내에게 준 풍경화가 우리 집 어디에도 걸려 있지 않은 걸 보고 좀 서운했던 모양일까.

그녀는 손바닥만한 옥편을 내보이기에 나는 우선 이 여자의 기부터 꺾어 놔야 이름을 수월하게 짓겠다 싶어 열다섯 책으로 된 일본의 『大漢和辞典』과 역시 열다섯 책으로 된 우리의 『漢韓大辭典』을 가리켰더니 그녀는 용감하게도 놀랄 줄도 몰랐다.

그녀는 인터넷에서 돈 주고 이름을 지었다고 했다. "사주에 물이 부족해서 물이 든 글자를 써야 한다는데요."라는 말도 덧붙였다. 사주에 물이 부족하다는 식으로 말하는 걸 보니 그 사주쟁이 실력 알 만하다고 했더니 의아해 하는 눈치였다. "불꽃이 이글거리는 난로에 물이 없다고 해서 물 한 컵을 부으면 어찌 되겠소?"라고 말하려다가, 사주의 원리가 그렇게 단순한 것이 아니라고 한마디로 잘라 말하고는 내가 지은 명리서(命理書)를 보여줬더니 그녀는 무안하게도 거들떠보지도 않았다.

그녀는 이름자로 쓰고 싶은 글자를 수두룩이 적어 왔다. 나는 깜짝 놀랐다. 붓글씨도 남의 앞에 내놓을 만한 것이 못되는 줄 내가 알고 있지만 한자 실력은 丞 자와 承 자도 분별할 줄 모르는 수준이었다. 그런 주제에 하도 까다롭게 굴기에 "식자우환이군요."라고 했더니 기분이 나쁜지 누구한테 하는 말이냐고 조금 대드는 듯했다. 나는, "누구긴 누구! 당신 같은 자들에게 하는 말이지. 삼고초려(三顧草廬), 이교취리(把橋取履), 정문입설(程門立雪) 같은 건 못할지언정 절에 온 색시요 하고 가만히 엎드려 있을 일이지."라고 툭 쏘아붙였다. 나는 그녀의 기를 죽이려고 일부러 어려운 용어를 썼던 거다.

떠날 때 볼펜 다섯 자루, 둘레가 누렇게 바랜 복사용지 스무 장 가량, 작은 부채 두 개를 주기에 답례로 나의 수필집을 한 권 줄까 하고 말머리를 꺼내자마자 자기는 수필가는 잘 모르지만 시인 소설가를 많이 안다며 아무개 시인 소설가를 아느냐고 했다. 풍기는 분위기가, 은근슬쩍 수필을 깔보는 소린 줄 알아들으라는 말투였다. 대구문인협회에 가입했느냐고 물었다. 이 물음은 벌써 세 번째다. 문협에 가입하는 것이 뭐 그리 대단한 일이냐고 했더니 '문무학'을 아느냐고 했다. 모른다고 했더니 대구예총회장이 아니냐고 했다. 회장이고 나발이고 나는 감투 같은 건 개똥 보듯 하는 사람이라 했더니, 갑자기 억양을 높이며 "문무학이 최곱니다. 초고!"라고 톡 쏘며 엄지손가락을 내 코앞으로 쑥 내밀었다. 감히 내 앞에 엄지손가락을 내밀다니 그 손가락을 당장 부러뜨리고 싶었다. 며칠을 두고 속이 더부룩했다.

그녀가 다음에 또 이름을 지어 달라고 한다면 나는 이렇게 말할 것이다.

"작명쟁이 쌔발맀심더."

쉽게 물러나지 않는다면 이렇게 빈정거릴 것이다.

"시인이나 소설가 참, 시조시인한테 부탁하이소."

계속 염치없이 군다면 딱 부러지게 한마디 할 것이다.

"군차재 아차재"

무슨 말이냐고 묻는다면, '어험'하고 크게 기침을 한 번 한 뒤에 "君借財我借才"라고 종이에 써 보일 것이다. 여전히 고개가 빳빳하면 '借' 자가 무슨 뜻이냐고 물어 볼 것이다. '借' 자가 '빌리다'라는 뜻인 줄이나 알까. 만에 하나 알 경우에는, 여기서는 '빌리다'라는 뜻이 아니라 '아끼다'라는 뜻이라고 힘주어 말할까 한다. 이쯤 되면 문무학이 최고니 뭐니 하고 내 앞에 엄지손가락을 내밀지는 못할 것이다. 고개를 숙이고 "군차재 아차재"의 뜻을 묻는다면 "당신이 재물을 아끼면 나는 재주를 아끼겠소."라고 종이에 써 줄 것이다. 내가 이런다고 수필을 업신여기는 그녀가 달라질까? 어림없다.

사람을 내게 맞출 수는 없다. 꼴이 다르기 때문이다. 내가 사람에 맞출 수도 없다. 꼴이 다르기 때문이다. 사람은 꼴값하고 살 뿐이다. 그래서 세상은 시끄럽다.

신발을 사게 증겠다

문인이 아닌 사람에게 수필집을 선물하면 더러는 한다는 소리가, 자기가 잘 안다는 시인 소설가의 이름을 들이대며 아느냐고 한다. 어떤 사람은 아주 노골적으로 "시나 소설을 쓰이소."라고 하기도 한다. 나의 말은 갑자기 날이 선다. "내 책을 쓰레기통으로 집어던지시오."

책을 쓰레기통으로 집어던지는 것은 나의 오래 된 버릇이기도 하다. 시집이며 소설집이라고 해서 예외를 두는 것은 아니다. 오히려 시집이며 소설집은 쓰레기통으로 집어던지기 전에 두어 번 걷어찬다. 수필을 업신여기는 것은 일반인보다 시인 소설가가 더하다고 들었기 때문이다.

이덕무(李德懋, 1741~1793)는 「간서치전」(看書痴傳)에서 이런 말을 했다. "십오

한 경지를 만나면 기쁘기 그지없어 일어나서 돌아다닌다." (得其深奧 喜甚 起而周旋)

명수필집이란 게 많다. 편집자의 글도 꼭 끼어 있게 마련이다. 자신이 자신의 글을 명작이라 한 거다. 하지만 어느 책을 살펴봐도 나로 하여금 이덕무처럼 하게 만드는 글을 단 한 편도 발견할 수가 없다. 책을 쓰레기통으로 홱 집어던진다.

이효석의 「메밀꽃 필 무렵」 같은 소설이 명작인 것은, 읽어 본 사람은 대개는 수긍할 것이다. 사람들이 수필을 업신여기는 까닭은 이런 소설에 수필을 견주어 보기 때문인지도 모른다. 금청학자무(琴淸鶴自舞)라 했던가. 자신을 드러내려고 너무 떠들지 말고 돌아앉아 거문고 줄이나 고를 일이다.

나의 책을 걷어차다가 신발이 벗겨진 시인 소설가가 있다면 나는 그의 신발이 다리 밑으로 떨어졌다 할지라도 세 번 정도는 주워서 신기기를 마다하지 않겠다.

붙인처 無言處

1. 강에 잉어가 뛴께

뭔가를 버리고 나면 가슴이 후련해지는 법인데 후련해지기는커녕 한바탕 드잡이를 놓은 듯 도리어 가슴이 더부룩해질 때가 있다. 책을 버릴 때이다.

나의 성명을 틀리게 쓴 책은 우편함에 그대로 둔 채 '수취거부'라는 빨간 글씨를 쓴 딱지를 붙여 둔다. 내 이름을 잘못 써서 기분이 언짢기도 하거니와 이런 책이, 보낸 사람이 지은 것이라면 보나마나 그 내용이 정밀하지 못할 것 같기 때문이다.

정밀하지 못한 건 많다. 이를테면 '계간평'이라고 되어 있는 계간 문예지가 있다. 그런 책을 내 서재에 둔다면 다른 책들의 자존심을 상하게 할 것이다.

내용이야 어떻든 책을 마구잡이로 버리기도 한다. 문단 간부의 선거 때가 되면 평소에는 송아지 개 보듯 하던 사람들이 책을 시새우듯 보내준다. 뱃속이 빤히 들여다보인다. 불결하여 다른 사람을 찍든지 기권을 하게 되는데 그 책을 내가 공짜로 가질 수야 없지 않은가.

불결하지는 않더라도 냉소를 짓게 될 때가 있다. 지나치게 과장하거나 미화된 기념문집 같은 것을 대하면 엉터리 송덕비나 날조된 묘비를 보는 것 같아서다.

냉소를 짓게 하는 경우는 많다. 사람은 자칫 말과 행동이 일치하지 않듯, 글은 이론과 실제가 일치하기가 쉽지 아니한 모양이다. 수필문학의 한 이정표를 세웠다는 평가를 받은 적이 있었던 윤오영의 경우만 해도 그렇다. 윤오영은, "문장은 또 평이해야 한다.…(중략)…남의 말을 빌려 오는 것이 탈이요, 다 아는 것을 혼자 아는 체하는 것이 탈이요,…(후략)…" 라고 했다.(尹五榮,『隨筆文學入門』,「문장과 표현」, 서울:관동출판사, 1975) 짧은 글인 수필에 남의 말을 장황하게 늘어놓을 겨를이 없다는 건 옳은 말이다. 그러나 그의 글은 어떤가? 흔히 수작으로 꼽히는 「염소」에서는 총 1,169자 가운데 방소파의 말 61자와 페이터의 말 187자를 합치면 248자가 되어 인용문이 글 전체의 5분의 1(약 21.21%)을 웃돈다. 인용이 없는 글이 없다시피 그의 수필에는 인용이 많다. "採菊東籬下 悠然見南山"(陶潛,「飮酒」), "桐千年老恒藏曲 梅一生寒不賣香(月到千虧餘本質 柳經百別又新枝)"(申欽,『象村集』「野言」), "無邊落木蕭蕭下 不盡長江滾滾來"(杜甫,「登高」), "蝸牛角上爭何事 石火光中寄此身(隨富隨貧且歡樂 不開口笑是癡人)"(白居易,「對酒五首詩」), "風來疎竹에 風過而竹不留聲이요, 雁渡寒潭에 雁去而潭不留影"(洪自誠,『菜根譚』)과 같은 한문을 출처도 밝히지 않은 채 번역도 하지 않은 채 원문 그대로 인용하기도 한다. 인용에 관한 그의 지론을 스스로 파기한 거다. 이러한 인용은 독자에 따라서는 '평이'하게 느껴지지 않을 수도 있고 반면에 '다 아는 것을 혼자 아는 체하는 것'으로 비칠 수도 있다.

 이런 시문(詩文)을 원전에서 인용한 자가 윤오영만은 아니겠지만 윤오영이 인용하고 나서부터 이런 인용이 부쩍 많아졌을 뿐만 아니라 인용문의 원전을 물으면 대답을 못하거나 얼버무리는 걸 보면, 원전에서 인용한 것이 아니라 남이 인용한 것을 말도 없이 재인용한 것으로 보인다. 윤오영 덕분에 수필계에는 제법 유식하게 된 에피고넨이 수두룩하게 된 거다. "강에 잉어가 뛴께 사랑방 목침이 뛴다."더니 무슨 이끗을 보겠다고 남의 꽁무니를 따라다니는지 모르겠다. 젊은이라면 장래성이 없고 늙은이라면 추하다. 뿐만 아니라 지금까지 나와 있는 한국의 수필 이론서며 수필 논설이란 것들이 하나같이 앞에 말한 윤오영의 『隨筆文學入門』을 교묘히 변형시켰거나, 단장취의(斷章取義)의 수법이랄 수 있을지는 모르지만 여기저기에서 글을 따 와서 조각보를 만들었거나 하는 수준이 아닌 걸 나는 아직 만나보지 못했으니 딱한 현상이 아닌가.

2. 더 높은 곳에서 내려다보는 눈이 있다

"문장은 간결해야 한다. '문단의장'(文短意長), 글은 짧고 뜻은 길어야 함축이 있고 여운이 있다.…(중략)…한 자라도 덜 써도 효과가 같으면 덜 쓰는 게 글이다.…(중략)…속뜻은 깊어도 말은 알기 쉬워야 한다.…(중략)…별 것도 아닌 것을 부질없이 현학적인 말을 늘어놓거나, 괴이한 변칙적인 표현을 하는 것은 이미 올바른 글이 아니다.…(중략)…간결한 속에도 문장의 기복이 있어야 그 변화에서 오는 힘이 있고, 농담이 있어야 무의미하지 않고 아름다우며, 기경(奇警)과 해학이 약간 곁들여 문장의 조화 속에 윤기가 흐르면 진실로 성공한 글이다.…(중략)…평범한 내용을 평범한 문장으로 표현하면 이것은 평이한 것이 아니라 무의미한 것이다." 이상은 윤오영의 말이다.(尹五榮, 前揭書, pp. 89~93)

"문장은 간결하고 진솔한 게 좋다. 글은 짧고 뜻은 깊어야 함축이 있고 여운이 있다. 그리고 속뜻은 깊어도 문장은 알기 쉬워야 한다. 별것도 아닌 것을 가지고 공연히 어렵고 괴이하게 표현하는 것은 이미 올바른 글이 아니다. 그렇다고 무조건 간결하게만 쓰면 안 된다. 간결함 속에서도 문장의 기복이 있어야 한다. 그 변화에서 오는 힘이 있고, 짙고 옅음이 있어야 무미건조하지 않고 아름다우며, 풍자와 해학이 약간 곁들인 문장의 조화 속에 윤기가 흐르면 좋은 글이라 하겠다. 아무튼 평범한 이야기를 평범한 문장으로 표현하면 무의미한 글이 되고 만다." 이상은 대구문협 회원 김종욱의 「쓴다고 해서 다 문학인가」라는 글에 나오는 말이다.(『대구문학』, 2006, 겨울호, 대구:대구문인협회, p. 86. 이하 『대구문학』이라 한다)

이상의 두 문장을 대조해 보면 알 수 있듯이 김종욱은 윤오영의 문장에서 필요한 구절을 따와서 조각보를 하나 만들었다. 출처를 밝히지도 않고 따옴표도 쓰지 않은 이 글, 이 조각보의 타당성에 대해서는 논란의 여지가 없지 않겠지만 김종욱은 같은 글에서 다음과 같이 단호하게 쐐기를 박았다. "발표한 작품에 대해서는 책임을 져야 한다. 어떠한 해명이나 변명도 용납되지 않는다."

글을 읽다가 쾌재의 문장을 만나면 벌떡 일어나서 방안을 이리저리

왔다갔다한다는 어느 교수의 문장을 두고 입에 침이 마르도록 찬탄한 어느 여류 수필가의 글을 읽고 나는 모처럼 박장대소를 했던 적이 있다. 이덕무(李德懋, 1741~1793)는 「간서치전」(看書癡傳)에서 이런 말을 했다. "심오한 경지를 만나면 기쁘기 그지없어 일어나서 돌아다닌다."(得其深奧 喜甚 起而周旋) 그 교수는 이덕무의 이 글에서 얻어 왔을 뿐인데 뭘 그리 놀라는가? 하지만 그 교수의 경우는 김종욱의 경우와는 달라서 그리 나무랄 일은 아니다.

3. 해시불변(亥豕不辨)

이이(李珥)의 「역수책」(易數策)에 있는 '天津鵑叫'(천진견규)의 天津은 天津이라는 지명이 아니라, 지금은 없어졌지만 낙양의 남쪽 낙수(洛水)에 있었던 부교(浮橋)인 天津橋를 뜻한다. 내가 이를 알지 못한 것은 『소씨문견록』(邵氏聞見錄)을 읽지 않았기 때문이다.(朴籌丙,「까치밥」, 서울:미래문화사, 1995. p. 234, p. 320)

공덕룡이 "지나침(過猶)보다 미치지 못함(不及)이 속편하다"라고 하여 '지나침'을 '過猶'라 한 것이라든가,(『에세이문학』,「계절의 미각, 요리」, 2006, 겨울호, 서울:에세이문학사, p. 208. 이하『에세이 문학』이라 한다) 심경호가 "낙백(落魄)한 문인들은 노랗고 둥근 국화를 동전에 비유해 자조하고 스스로를 위안했다."에서 낙탁(落

魄:零落)이라 해야 할 경우에 낙백(落魄:넋을 잃음)이라 한 것은 아마도 실수인 것 같다.(李御寧 책임 편찬,『국화』, 서울:종이나라, 2006, p. 80)

　김규련이 「개구리 소리」에서, "열반이라 함은 번뇌의 불길을 불어서 끈다는 취소取消(nirvana)의 뜻이 아닌가."라고 했다.(金奎鍊,『강마을』, 서울:汎友社, 1982 /金奎鍊,『귀로의 사색』, 대구:도서출판 그루, 2003 /金奎鍊,『즐거운 소음』, 서울:좋은수필사, 2007) 여기서 取消는 吹滅이라야 옳다. 굳이 '취소'라고 하려면 吹消라고 하면 모를까. 한낱 단어 하나를 두고 트집잡는다 할지 모르지만, 이 문장은 이 단어가 틀리면 문장이 아니요, 이 문장은 이 글의 추뉴(樞紐)의 하나이기 때문에 문제삼지 않을 수 없다. 이 오류는 실수가 아니라 무지의 소치인 것 같다. 이 글이 그가 내세우는 대표작의 하나일 뿐만 아니라 오랜 세월을 두고 여러 지면에 실렸기 때문이다. 그만큼 김규련 자신이 이 글을 살펴볼 기회가 많았다는 말이다.

　같은 글 서두에 나오는 "서성거려 본다."는 "어정거려 본다."로 해야 바른 표현이 된다. 사전에 보면 '서성거리다'라는 말은 "자꾸 서성서성 하다"라는 뜻인데 '서성서성'이란 "[어떤 일을 결단하지 못하거나 불안하여] 한곳에 서 있지 못하고 왔다갔다하는 모양"이라는 뜻으로 되어 있다. 그런데 이 글 서두에는 어떤 일을 결단하지 못한다거나 불안하다거나와 같은 그런 상황이 전혀 나타나 있지 않기 때문이다.

또 이 글에서, "개구리 소리를 밤이 이슥하도록 혼자 듣고 섰으면 드디어 열반의 경지에서 불사선(不思善) 불사악(不思惡)을 느끼는 순간을 맛보게 된다."라고 한 것은 적절치 않다. 불학에 판무식인 나 같은 사람도 아는 얘기이긴 하지만, 우선 "선도 생각하지 말고 악도 생각하지 마라."(不思善 不思惡)라는 이 말과 관련하여 불문에 전해져 내려오는 이야기 하나를 지루하나마 다시 음미해 보기로 한다.

의발(衣鉢)을 빼앗으려는 혜명상좌(慧明上座)한테 육조(六祖) 혜능(慧能)이 남방으로 쫓겨 대유령(大庾嶺)에 다다랐다. 혜명상좌가 당도한 것을 알아차린 육조는 의발을 바위 위에 놓고 이렇게 말했다. "이 의발은 믿음을 표시하는 것인데 완력으로 어찌 다툴 것인가. 그대가 가지고 가려거든 가지고 가라." 혜명상좌가 그것을 들려고 하니 산과 같아서 움직이지 않았다. 깜짝 놀라 벌벌 떨면서 말했다. "내가 법을 구하러 왔지 의발 때문은 아니요. 원컨대 행자 육조는 가르쳐 주시오." 혜명은 상좌요 육조는 행자였지만 깨달음에 있어서 그런 지체며 위계 같은 것이 무슨 소용이 있겠는가. 이에 육조가 말하기를, "선도 생각하지 말고 악도 생각하지 마라. 이러할 때 어떤 것이 (혜명)상좌의 본래면목인가?"(不思善不思惡 正當恁麽時

那箇是上座本來面目)라고 했다.(『無門關』제23칙 抄)

위에서 "내가 법을 구하러 왔지 의발 때문은 아니오. 원컨대 행자 육조는 가르쳐 주시오."라는 혜명상좌의 말끝에 육조가 한 말이, "선도 생각하지 말고 악도 생각하지 마라."였다. "내가 법을 구하러 왔지 의발 때문은 아니오."라는 혜명상좌의 말은 겁에 질려서 한 거짓말이었다. 실은 의발을 빼앗으려고 온 것이 아니었던가. 이것이 육조가 말한 악이다. "원컨대 행자 육조는 가르쳐 주시오."라는 혜명상좌의 말은 잘못을 뉘우친 말이다. 이것이 육조가 말한 선이다. 요컨대 육조는, 비단 선악뿐만 아니라 일체의 상대적 분별심에서 초탈하여 자신의 본래면목을 깨쳐야 한다는 뜻으로 '불사선 불사악'이란 말을 한 것이었다. 부모미생전(父母未生前)이니 천지미분전(天地未分前)이니 하는 말들 또한 이 본래면목이란 말과 맥락을 같이 하거니와, '불사선 불사악'이 되어 자신의 본래면목을 깨쳐야만 구경의 경지인 열반에 이를 수 있는 것이거늘, "열반의 경지에서 불사선(不思善) 불사악(不思惡)을 느끼는 순간을 맛보게 된다."라는 김규련의 말은 갑자을축이 을축갑자가 되었으니 우습지 아니한가. 이 말 한마디를 잘못 하는 바람에 김규련의 「개구리 소리」는 귀때 떨어진 주전자요, 족자리 깨진 중두리며, 굴타리먹은 호박이 되고 말았다.

235

김규련은 같은 글에서, "문명의 소리가 동動이라면 자연의 소리는 정靜이다. 그리고 개구리 소리는 선禪인지도 모른다."라고 한껏 멋을 부렸다. 개구리 소리도 자연의 소리다. 개구리 소리만을 자연의 소리에서 분리하여 선의 소리라고 하고 이를 자연의 소리에 대비시킨 것은 논리에 어긋난다. 논리에 맞지 않으면 이미 문장이 아니다. 한낱 무문농필(舞文弄筆)에 불과하다.

김규련이 「자괴의 독백」이란 글에서 '導骨三穿'이라 한 것을 보고 박장대소를 했다.(『수필세계』, 2009, 가을호, 대구:수필세계사, 이하 『수필세계』라 한다) '踝骨三穿'이 옳다. 이 말은 정약용(丁若鏞)의 고족제자(高足弟子)인 황상(黃裳)이 스승을 추모하면서 "日事筆硯 踝骨三穿."(날마다 붓과 벼루를 써서 복사뼈가 세 번이나 구멍이 파였다)이라 한 데서 유래한다.(「與襄州三老」)

김규련이 난(蘭)의 향기를 암향(暗香)이라 한 것은 암향은 매화에, 유향(幽香)은 난초에 쓰는 전례(典例)로 미루어 보면 암향이란 말이 거꾸로 인쇄된 글자가 되어 버렸다.(『隨筆公苑』, 「蘭을 바라보며」, 통권 4호, 서울:태양사, 1983, 이하 『隨筆公苑』이라 한다)

김규련이 「성찰의 계절」이란 글에서 "늘그막에는 하동포구에서 풀꽃을 따며 소꿉질하던 유년의 동심으로 돌아가 하늘의 구름처럼 살고 싶다."라고 했다.(『수필세계』, 2009, 겨울호, p. 51) 이미 여든 살을 넘은 노인이 '늘그막에는'이라니 맞지 않는 말이다.

역시 같은 글에서 "송백과 향나무는 엄습하는 혹한을 이겨내고 청신한 녹색으로 만고심을 드러내고 있다."라고 한 문장은 애매모호하다. 만고심이란 단어 때문이다. 만고심이란 단어가 어찌 된 영문인지 우리나라의 각종 사전에는 나오지 않는다. '萬古心'이란 말은 한국의 수필문단에서는 내가 처음으로 사용했거니와,(『계간 수필』,「萬古心」, 2008, 겨울호, 서울:수필문우회. 이하『계간 수필』이라 한다.) 만고심이란 "천만년 옛날부터 지금까지, 그리고 영원한 장래를 생각하고 그리워하는 마음"을 의미한다.(諸橋轍次,『大漢和辭典』, 東京:大修館書店. 平成 11年) 따라서 조금 전의해서 쓴다 하더라도 '만고의 그리움' '만고의 시름' '만고의 한(恨)' 등과 같은 뜻으로 쓸 수는 있어도 나무가 만고심을 드러낸다고는 할 수 없다. 고인의 글에서 용례를 보기로 한다. 관다산(菅茶山)의「동야독서시」(冬夜讀書詩)에서는 "閑收亂帙思疑義 一穗靑燈萬古心"이라 했고, 주희(朱熹)의「무이도가」(武夷棹歌)에서는 "林間有客無人識 欸乃聲中萬古心(茅屋蒼苔魏闕心)"이라 했다. 윤선도는「어부사시사」에서 주희의 '欸乃聲中萬古心'을 그냥 옮겨다 놓았다. 요즘 같으면 표절의 논란이 있겠다.

또 김규련이 「말이 없는 친구들」이란 글에서 "이런 나에게 아침마다 살가운 미소로 반겨 주는 너희들이 있어 고졸한 내 생활에 기쁨이 그윽하다."라고 했다. 자신의 생활을 두고 '고졸한'이라 표현한 것은 귀에 거슬린다. '고졸하다'는 말은 "(작품이나 분위기가) 기교는 없으나 예스럽고 멋이 있다."라는 뜻인데 자기의 생활을 고졸하다고 말하는 것은 겸손한 태도가 못 된다.(『수필세계』, 2010, 봄호, p. 20)

김규련이 「용골(龍骨) 없는 문학」이란 글에서 '讀破書萬卷'은 '讀書破萬卷'의 오류다.(「奉贈韋左丞丈二十二韻」(『대구문학』, 2010, 통권 85, p. 11) 讀破란 말은 두보의 이 시어에서 유래하거니와, 한시는 글자 한 자 한 자가 놓일 자리에 놓여야 한다. 또 같은 글에서 '語不驚人 雖死不休'에서 雖자는 빼는 것이 바람직하다. 원래 이 말은 칠언고시에서 한 말이기 때문이다.(「江上値水如海勢聊短述」)

김규련이 「겨울 산책」이란 글에서 "……엄동설한에도 흠향할 수 있는 계절의 향취가 있음에랴."라고 했다. 살아 있는 사람이 흠향(歆饗)한다고 한 것은 고금에 없는 망언이다.(『수필세계』, 2010, 겨울호, p. 21)

이희승이 「책을 아끼자」라는 글에서, "책은 적어도 아버지와 같은 정도로 소중히 여겨야 한다는 말이다."라고 한 것도 망언이다.(李熙昇, 「벙어리

냉가슴」, 서울:일조각, 1957, p. 198) '적어도'라니 말이 되는 소릴 해야지.

자신의 아버지를 두고, "나의 아버님은 천수(天壽)를 누리셨다."라는 망발을 서슴지 않는 자가 있으니 상제가 방립(方笠)을 쓰는 뜻조차 알지 못하는 사람일 거다.

양주동이 「객설이 문학인가」라는 글에서 "…(전략)…注意와 공갈을 섞어 말한 셈이었으나…(후략)…"라고 했다. 여기서 '공갈'은 '협박'이라 해야 한다. 이 글의 전후를 살펴보면 금품을 뜯어내거나 하는 목적이 없기 때문이다.(梁柱東,『文酒半生記』, 서울:新太陽社, 1960, p. 153) 그는 다른 글에서 "잃어진 고기가 가장 크게 보인다."라고 했다. 여기서 '잃어진 고기'는 '잃어버린 고기' 또는 '놓친 고기'라 해야 옳다.(梁柱東,『无涯詩文選』, 서울:耕文社, 1960, p. 133) 이 말들이 자칭 국보 양주동의 말이라면 누가 곧이듣겠는가.

양주동의 고제(高弟)인 이어령이, "'국화를 따면서 먼 남산을 바라본다.'는 도연명의 유명한 「귀거래사」에도 남산이 나오고,…(후략)…"라고 한 말에서 「귀거래사」는 「잡시」 또는 「음주」라고 해야 옳고,(李御寧 책임 편찬,「소나무」, 서울:종이나라, 2005, p. 12) 대나무는 뿌리를 깊이 박지 않는 법인데, "동북아시아의 대나무들은 밑뿌리가 땅속으로 꾸불꾸불 깊이 뻗어 있어…(후략)…"라고 한 것은 허풍이 되고 말았다.(李御寧 책임 편찬,「대나무」, 서울:종이나라, 2006, p. 12)

장백일이 "庸言之信 庸行之謹"이란 말을 庸이란 글자가 들어 있다고 해서 그랬는지 『주역』에 있는 말인 줄 모르고 『중용』에 있는 말이라고 한 것은 이른바 '추측 운전'이 사고를 낸 것과 같다.(『에세이 문학』,「매화가 심어준 가훈」, 2002, 봄호)

정약용이 '죽란시사(竹欄詩社)'라는 시인 단체를 만든 것은 유배되기 전의 일이며 '죽란(竹欄)'은 대나무를 잘라서 만들었는데, 정목일은, "정약용이 귀양지에서 만든 시 동인회가 '죽란시사'다. 집 뜰에 대나무 난간을 둘러 사람들이 다닐 적에 옷에 댓잎이 스친다 하여 죽란이라 불렀다." 라고 했다.(『에세이문학』, 2002, 여름호, p. 197) 정약용이 강진 유배지에서 많은 저술을 하였으니 죽란시사도 강진에서 만들었을 것으로 추측을 한 거다. 여기서 '죽란(竹欄)'을 '대나무 난간'이라 한 것은 엉터리다. 난간이란 계단 툇마루 다리 따위의 가장자리에 만드는 것이지 평평한 마당에 만드는 것은 난간이 아니다. 여기의 란(欄)은 '울타리'의 뜻이다. 欄에도 울타리(籬)의 뜻이 있다. 따라서 '죽란'이란 '죽리(竹籬)' 곧 '대나무 울타리'다.

그는 또 지식과 지혜를 준별하여 지식은 간접체험에서, 지혜는 직접체험에서 나온다고 단언하면서 수필은 지식과 정보를 걷어내고 지혜에서만 나와야 한다고 했다.(『月刊文學』, 2003, 12월호, 서울:한국문인협회 월간문학사, pp. 688

~692. 이하 『月刊文學』이라 한다) 그러나 그의 주장은, 지혜와 지식은 인식방법의 문제이지 대상의 문제가 아니란 것을 간과했다. 같은 말도 지혜일 때가 있고 지혜가 아닐 때가 있을 뿐이다.

 지식과 지혜를 대상의 문제로 본다 하더라도 그의 주장은 글의 지반을 도외시한 같잖은 도그마에 불과하다. 고저(高低)가 있어 산이 되고 곡직(曲直)이 혼재하여 수풀을 이루고 청탁이 합쳐 바다가 되는 줄 정목일은 진정 모르는가. 그의 주장대로라면, 지혜는 지식과는 전혀 무관한 것인지, 수필이 오로지 지혜만의 소산이라야 하는지, 그런 수필이 있기나 하는 것인지, 수필이 지혜에서 나오기만 하면 '죽란시사'를 정약용이 유배지에서 만들었다고 하고 '죽란'을 대나무를 잘라서 만든 것이 아니라 살아 있는 대나무 난간이라 하고 '울타리'를 '난간'이라 해도 되는 것인지 모를 일이요, 또 사실과 전혀 다르게 지어낸 가짓말을 지혜라고 할 수 있을 것인지 더욱 모를 일이다. 만약 정목일이 수필을 말하면서 툭하면 지혜를 들먹이는 것이 감히 반야(般若)를 염두에 둔 것이라면 과욕이요 부회(附會)다. 반야는 예사 지혜가 아니기 때문이다. 그의 지론대로 글이 지혜에서만 나오려면 문자반야(文字般若)를 이룬다면 모를까. 수필은 불립문자(不立文字)도 아니요, 선사의 게송(偈頌)도 아니다. 문자반야를 이루어야 되는 것은 더욱 아니다.

 정목일은 「차 한 잔」이란 글에서 이런 말을 했다. "찰나 속에 영원이 담기고 영원은 찰나 속에 숨을 쉰다."(정종명 외, 『숨은 사랑』, 서울:도서출판 청어, 2010). 이 말을 들으면 『화엄경』(華嚴經)의 정수라고나 할, 의상대사의 「법성게」(法性偈-華嚴一乘法界圖)에 나오는 "無量遠劫卽一念 一念卽是無量劫"이란 말을 연상하는 사람이 퍽 많을 것이다. 정목일이 알고 한 소린지 들은풍월인지는 모르겠으나, 그의 말은 「법성게」의 '무량원겁'을 '영원'으로, '일념'을 '찰나'로 바꾸고, '담긴다' '숨을 쉰다'라는 말로 연막을 친 결과가 되어 버렸다. 이 성형한 얼굴을 알아볼 사람이 없을 거라고 생각했다면 그 추측은 독자를 얕잡아 본 거다. 표절의 논란이 없지 않을 것이다. 만약, "영겁은 일념에서 떨어져 있지 않다." "영겁과 찰나는 둘이 아니다."등으로 말한다면 이는 이미 일반화된, 불학의 지식(상식)을 말한 것일 뿐 탈잡을 일이 못되지만, 여기서 정목일의 말을 문제삼는 까닭은 그의 표현 방식이 「법성게」를 번역한 것과 진배없기 때문이다.

 장백일이며 정목일의 경우처럼 추측 운전이 사고를 내는 일은 비일비재하다. 한계주가 「〈적벽부〉를 통해서 본 인간 소동파」라는 글에서, "소동파인들 자신의 경륜을 마음껏 펼치고 싶은 마음이 왜 없었겠는가.

그러나 그는 타고난 자유인으로 평생을 유배생활을 할망정 소신을 굽히지 않았다. 〈아우에게 주는 회답시〉에 그는 정처없이 떠도는 자신의 삶을 '기러기, 눈밭에 잘자국 남기기'라 표현했다."라는 글이 그렇다.(『에세이문학』, 2009, 여름호) 한계주가 말하는 〈아우에게 주는 회답시〉란 「면지에서의 옛일을 생각하며 자유에게 답한다」(和子由澠池懷舊)라는 시를 뜻한다. 우선 〈아우에게 주는 회답시〉에서 낫표 안의 말이 정확하지 않다. 낫표를 하지 않는다면 모를까, 낫표를 할 때에는 반드시 「면지에서의 옛일을 생각하며 자유에게 답한다」라는 식으로 가급적 원문의 뜻을 정확하게 나타내야 한다.

　소식(蘇軾)은 그의 나이 스물여섯 살 때 봉상부첨판(鳳翔府僉判)으로 부임하기 위해 면지를 거쳐 봉상(鳳翔, 지금의 섬서성 봉상)으로 들어가고 있었는데, 이때 「면지의 일을 생각하며 자첨 형님께 보냅니다」(懷澠池寄子瞻兄)라는 동생 소철(蘇轍)의 시에 대한 화답으로 위의 시를 지었다. 오년 전 동생과 함께 아버지(蘇洵)를 따라 수도 개봉으로 과거시험을 보러 가면서 겪었던 어려운 일을 회상한 시다. 소식이 이 시를 짓던 당시는 막 환로에 나아가기 시작할 무렵이었고 정처없이 떠돈 적이 전혀 없었다. 유락의 길로 들어서기 시작한 것은 이 시를 지은 지 십년 후인 서른여섯 살 때부터이다. 한계주의 말은 허풍이 되고 말았다.

맹난자가, '原始反終'을 "시작된 근원으로 마침을 돌이킴이니……(후략)"라고 한 것은 한문의 문리에 어긋난다.(『月刊文學』, 2009, 3월호, p. 254) 原始와 反終처럼 대칭 어구인 경우에는 두 어구가 문법적으로 대등하다. 反 자는 동사로 쓰고 原 자는 형용사로 쓰는 법은 없다. 原 자 또한 마땅히 '찾다' '근본을 캐다' '추구하다' 등 동사로 해석해야 한다. 따라서 原始反終이란 "시작을 캐고 마침을 돌이킨다."라고 해야 한다. 이와 비슷한 말로 原始要終이 있다. "시작을 캐고 마침을 추구한다."로 해야지 "시작된 근원으로 마침을 추구한다."로 해석하면 말이 뜻에서 벗어난다. 학자들도 마찬가지다. 주자의 『易學啓蒙』의 '原卦畫'(원괘획)에서의 原 자 또한 '찾다' '근본을 캐다' '추구하다' 등 동사로 해석해야 하는 줄 알지 못하고 이상한 소리를 한 번역들뿐이다. 또 맹난자가 "지뢰복(地雷復)괘의 괘사 '복(復)에 그 천지의 마음을 본다(復其見天地之心乎)'에서……"라고 했다.(『月刊文學』, 2010, 8월호, p. 320) 여기서 '본다'는 '볼진저!'라고 해야 한다. '-ㄹ진저'는 종결어미로서 '마땅히 그러 해야 한다'는 뜻을 감탄조로 장중하게 나타내는 말이다. 말의 뉘앙스를 맹난자는 알지 못했다. 괘사(卦辭)는 단전(彖傳) 또는 단사전(彖辭傳)이라 해야 옳다. '전(傳)'은 '사(辭)'를 풀이한 것이다. 괘사(卦辭)는 단사(彖辭)라고도 하거니와 괘사(단사)와 단전(단사전)을 구분하지 못했다는 것은 「십익」(十翼)을 정확하게 모르는 소치다. 또 '其'를 '그'로 해석한 것은 적절하지 않다. 여기서의 其는 '아마(도)'라는 뜻인 줄을 요즘 학자들은 말할 것도 없거니와 선유 가운데도 아는 자가 거의 없었다. "其有聖人乎" "作易者其有憂患乎"와 같은 문장에서도 其는 모두 '아마(도)'의 뜻이다.

『주역』을 잘못 읽으면 미친다는 말이 있다. 문단에 『주역』을 공부한 사람이 더러 있는 모양이지만 거개가 미친 소리만 하고 있다. 다만 김동리(金東里)는 다르다.「天命을 즐긴다」라는 그의 수필이 이를 말해 준다. 하지만 그는 이 글에서 天命이란 말을 구차하게도 「계사전」(繫辭傳)의 "旁行而不流 樂天知命"이라는 문장에서 이끌어 내었을 뿐 天命이란 말은 「계사전」의 이 말에 앞서 천뢰무망괘(天雷无妄卦)의 단전에 "天命不祐行矣哉"라고 하고 있음을 알지 못했다. 김동리의 주장은 애석하게도 한갓 요동시(遼東豕)가 되었다 할까.(金東里,「생각이 흐르는 강물」, 서울:甲寅出版社, 1985, pp. 171~180)

손광성이, "매화는 일생 추위에 떨어도 그 향기를 팔지 않고, 거문고는 천 년이 지나도 그 소리를 바꾸지 않는다."라고 한 것이 "桐千年老恒藏曲 梅一生寒不賣香"이라는 신흠(申欽)의 시에서 얻어 온 말이라면 큰

흠이랄 수는 없다할지 모르지만 말의 앞뒤가 바뀌었고, '오동'을 '거문고'로 표현한 것은 비약이 지나쳤다.(孫光成,『하늘잠자리』, 서울:을유문화사, 2011, p. 229) "한약에서 감초는 빠져도 대추는 빠지는 법이 없다."는 말은 틀렸다.(孫光成, 前揭書, p. 222)『동의보감』『경악전서』『방약합편』등등 어떠한 의서를 보아도 대추가 들어가지 않는 한약 처방이 대추가 들어가는 한약보다 훨씬 더 많기 때문이다. "그리고 여인의 치맛자락이 스치는 소리와…(후략)…"에서 '여인'은 '여자'나 '여성'으로 하는 것이 합리적이다.(孫光成, 前揭書, p. 39) 왜냐하면 여인이란 '성년이 된 여자'를 뜻하기 때문이다. 손광성의 말대로라면 미성년인 여자의 치맛자락은 포함되지 않게 되는데 과연 손광성은 그런 생각이었을까? "은은한 향기는 멀수록 더욱 맑다."에서 '은은한'을 '그윽한'으로 바꿔야 옳다. '은은한'이란 낱말은 소리를 두고 쓰는 말이지 향기를 두고 쓰는 말이 아니다.(孫光成, 前揭書, p. 140)

 염정임이「한 장의 사진」에서, "몇 년 사이에 두 선생님은 앞서거니 뒤서거니 영원을 향해 떠나셨다."라고 한 문장에서 '앞서거니 뒤서거니'는 적절치 않다.(『月刊文學』, 2009, 10월호, p. 176) '앞서거니 뒤서거니'란 말은 이를테면 A와 B 두 사람이 A(앞)B(뒤)가 되기도 하고 B(앞)A(뒤)가 되기도 한다는 뜻인데 저승길을 앞서거니 뒤서거니 갔다니 참 괴이한 소릴 다 듣겠다.

정혜옥이 "옛집과의 해후는 그렇게 허망하게 끝이 났다"에서 '해후'는 옳지 않다.(정혜옥, 『강물을 만지다』, 서울:선우미디어, 2008, p. 55) 해후란 우연히 만나는 것인데 이 글에서 필자가 옛집을 만나는 것이 우연이 아니기 때문이다. 또 "짚을 엮어 만든 신은…(중략)…엮은 끈이 떨어지면…(중략)…짚신 같은 걸 엮었을 것이다"에서 '엮어'는 '결어'로, '엮은'은 '결은'으로, '엮었을'은 '결었을'이나 '삼았을'로 각각 바꿔야 더 친절하다.(정혜옥 전게서, p. 98)

처음부터 벼슬길에 나아가지도 않았을 뿐만 아니라 종신불취(終身不娶)였던 임포(林逋)를 두고, "벼슬살이와 처자를 버리고 서호에서 은둔하면…(후략)…"라고 한 조희웅의 말은 사실에 어긋나고,(『매화』, 서울:중이나라, 2005, p. 84) "벼슬 버리고…(후략)…"라고 한 김규련의 말은 애매모호하다.(『계간 수필』, 2007, 가을호, p. 3)

두보(杜甫)의 「등고」(登高)에 나오는 "無邊落木蕭蕭下 不盡長江滾滾來"에서도 마찬가지겠지만, 구활(具活)이 소식(蘇軾)의 「적벽부」(赤壁賦)에 나오는 "哀吾生之須臾 羨長江之無窮"에서의 '長江'을 '긴 강'이라고 번역한 것이 옳지 않은 것은 백두산(白頭山)을 '흰 머리 산'이라고 번역해서는 아니 되는 것과 같다.(『한국수필가』,「赤壁을 노래한 蘇東坡를 그리며」, 2005, 겨울호, 서울:한국문인협회 계간한국수필가, 이하『한국수필가』라 한다)

중국에 적벽(赤壁)이라 일컬어지는 산 이름이 넷이고 강 이름이 하나인데 산 이름 가운데 하나는 호북성(湖北省) 가어현(嘉魚縣) 동북 쪽, 양자강 가에 있는 적벽으로 주유(周瑜)가 조조(曹操)를 격파한 곳이다. 또 하나는 호북성(湖北省) 황강현(黃岡縣) 성(城) 밖에 있는 적벽으로 흔히 적비기(赤鼻磯)라고 부르거니와 소식이 이 적비기에 찾아와서 주유와 조조가 싸웠던 그 적벽인 줄로 잘못 알고 「전후적벽부」(前後赤壁賦)를 지었던 건데, 오늘날 글을 쓴다는 사람들이 적벽이 여러 곳인 줄을 알지 못하는지 소식이 적벽대전이 벌어졌던 적벽에서 「적벽부」를 지은 걸로 잘못 알고 있으니 우습지 아니한가.

"십합혜 짚신은 씨줄 열 개를 나란히 하여 짚으로 촘촘하게 날줄을 넣은 것이어서 단단하고 질겼다. 그러나 오합혜는 다섯 개의 씨줄에 날줄을 듬성듬성하게 엮은 것으로 보기에도 어설프고 수명 또한 짧았다."라는 구활의 문장은 진사 열두 번 해도 모를 소리다.(『대구펜문학』,「오합혜 짚신과 산꿩」, 통권 제7호, 대구:도서출판 그루, 2007, p. 260. 이하 『대구펜문학』이라 한다) 우선 씨줄과 날줄을 혼동했고, 십합혜 오합혜를 정반대로 설명했다. 나이 열 살에 손수 삼은 짚신을 신고 일제의 '국민학교'에 다녔던 나 같은 사람도 못 알아듣는 이 말을 짚신 삼는 걸 보지도 못한 사람들이 알아들을지 모르겠다.

또 구활이 '聞香'을 '향기를 듣는다.'라고 한 것과(『수필세계』,「연꽃 필 때 들리는 소리」, 2009, 겨울호) 법정 화상이 "꽃향기는 맡는 것이 아니라 듣는다. 옛 글에도 문향(聞香)이라 표현했다. 이 얼마나 운치 있는 말인가."라고 한 것은 적절치 않다.(법정, 『홀로 사는 즐거움』, 서울:샘터, 2010, p. 26) 이때의 聞자는 '들을문 자'가 아니고 '맡을문 자'이다. 국어사전에도 문향(聞香)을 "향기를 맡음"이라 했다. 법정 같은 이름 있는 승려가 설마 황벽선사(黃檗禪師)의 박비향(撲鼻香)을 몰랐을까.(不是一番寒徹骨 爭得梅花撲鼻香/『五燈會元, 龍門遠禪師法嗣, 道場明辯禪師』)

법정이 '동족상쟁'이라 한 것은 말이 되지 않는 것은 아니나 '동족상잔'(同族相殘)이라 해야 '聞香'을 두고 그가 한 말마따나 운치 있는 표현이 된다.(법정, 『버리고 떠나기』, 서울:샘터, 2010, p. 264)

미륵을 두고 석인(石人)이라 한 윤자명의 말을 들으면 무덤 앞에 세운 돌로 만든 사람이 제 이름 빼앗겼다고 입을 비죽할지도 모를 일이다.(윤자명, 『도요 속의 꽃』, 부산:도서출판 전망, 2006, p. 194)

김진식의 "봉황은 오동나무의 열매만 먹는다지 않는가."라는 문장에서 '오동나무의 열매'를 '죽실(竹實)'로 바꿔야 옳다.(『계간수필』,「복伏들이 산간의 하루 그리기」, 2008, 가을호)

수필 평론을 한다는 강돈묵의 "소각시켜야 할 것에 음식물을 집어넣는 양심도 보이고, 제대로 분리하여 내어놓는 깔끔한 성격도 만난다."
라는 글에서 '양심'은 '비양심'이라 해야 옳다.(『계룡수필』「재를 치우며」, 2008, 제6집)
'홀아비'란 말은 '과부'와 대칭되는 낱말로 아내가 없는 사람을 일컫는 말인데 아내가 있는 사람이 아내와 떨어져 지낸다 해서 "홀아비답게 간소한 아침 식사가 끝났다."라고 한 김태길의 말은 적절치 않다.(金泰吉,『窓門』, 서울:汎友社, 1976, p. 66) 아내가 있는 사람은 '홀아비답게'가 아니라 '홀아비처럼'이라고 하는 것이 옳다.

　신부나 목사는 자신을 일러 신부님이니 목사님이니 하지 않는데 중은 자신을 일러 스님이라 한다. 지위의 고하를 막론하고 중들 거의가 그 모양이다. 스님이라 함은 '중'을 높여서 이르는 말인 줄 설마 모르고 하는 소릴까? 법정 스님은 열권이 넘는 그의 저서에서 한 번도 자신을 스님이라 하지 않은 걸 보면 중노릇 제대로 한 사람인 것 같다.

　임산부(姙産婦)라 함은 아이를 밴 여자 곧 임부(妊婦/姙婦)와 해산한 지 얼마 되지 않은 여자 곧 산부(産婦)를 아울러 이르는 말인데 임부나 산부를 가리켜 임산부라 하는 사람이 문인 행세를 한다. 참으로 개탄할 현상이다. 전교(全校)라 함은 예컨대 고등학교는 1학년부터 3학년까지를 뜻하는 말인데 3학년 전체에서 1등을 한 학생을 전교 1등이라 하는가 하면, 날

다람쥐의 털을 청설모라 하는데 날다람쥐를 청설모라고 하는 사람이 많다. 세상은 말세다, 전교와 학년도 분간 못하는 사람이 누구 말마따나 '교사의 꽃'이라는 장학사를 했는가 하면 털모자(毛)도 모르는 사람을 수필의 우상으로 떠받든다.

박용수는, "면도하는 일이란 수려한 얼굴을 보는 일이었고,······"라고 하여 자신의 얼굴을 수려한 얼굴이라고 하였는데 이 글에서는 자신의 얼굴을 '수려한'이라고 말할 계제(階梯)가 아닌 것 같다. (『수필세계』, 2013 여름호, p. 148) 유혜자는, "사람의 운명이 주어진 시간의 그물망 속에서 엮어지듯이 시력도 망막에 의해 빛이나 태양의 빛을 흡수하는 감광(感光) 현상이 일어나야 가능한 것임을 절감하는 시간이었다."라고 했다.(전게서, p. 21) "사람의 운명이 주어진 시간의 그물망 속에서 엮어지듯이"라는 말은 운명을 해설한 꼴이 되겠는데 운명이란 말을 그렇게 쉬이 해설할 수가 있을까? 방만한 표현이 종잡을 수 없이 모호하다. 망막의 작용을 말하기 위해 시간의 그물망을 먼저 말한 것은 억지다. 운명과 시력을 비유하는 것 자체가 무리다.

'일체 끊고'라고 한다든가,(安大會, 『선비답게 산다는 것』, 서울·푸른역사, 2007. p. 18) '일절 갖추고'라고 한다든가, 딱한 경우를 들기로 한다면 한이 없다.

4. 사전을 보지 않는 사람들 / 사전이 틀린 줄을 모르는 사람들

'전호기'를 '신호기'로 고친다.(『수필문학』,「간이역에서」, 1995, 11월호, 서울: 수필문학사) 이럴 때는 웃고 만다. '傳號旗'라는 한자를 쓰지 않은 건 내 불찰이기도 하니까. 그러나 "백년(百年)의 직장"에서의 '백년(百年)'을 '100년'으로, '백일'(百一)이란 백 마디 말 가운데 참말은 한 마디가 될 둥 말 둥한 가짓말쟁이를 일컫는 말인데 '백일'을 '101'로, '구천'(九泉)을 '9천'으로, "가슴을 허빈다."를 "가슴을 후빈다."로, "인물도 좋것다, 학벌도 좋것다."에서 '것다'를 '겄다'로, "이제 곧 이별이렷다."에서 '렷다'를 '렸다'로, "유리창을 깬 것이 분명 너는 아니엇다."에서 '엇다'를 '었다'로, '어리비치는'을 '얼비치는'으로, "아무나 할 수 있는 일이 아니다. 무엇이 씌기라도 해야 한다."에서의 '씌기라도'를 '씌우기라도'로, '터앝'을 '텃밭'으로, '에부수수한'이나 '메부수수한'을 '매우 수수한'으로, '짬짜미'를 '짬짬이'로, '꾀죄한'을 '꾀죄죄한'으로, '외돌토리'를 굳이 '외톨'로, '설을 쇠다'를 '설을 쉬다'로, '고 계집애'를 '그 계집애'로, '그득한'을 '가득한'으로, '가짓말'을 '거짓말'로,(『대구문학』,「맞선꼴」, 2007. 봄호) '2^{n-1}'을 '2n-1'로,(『대구문학』,「맞선꼴」, 2007. 봄호) '길래'를 '길게'로,(『에세이문학』, 2007. 겨울호, p.344) '제물에 무너져 내린다'를 '제풀에 무너져 내린다'로,(『에세이문학』, 2007. 겨울호, p.347) '하늘땅'을 '하늘∨땅'으로,(『에세이문학』, 2007. 겨울호, pp. 345~346) '탄핵소추한 것이'를 '탄핵소추∨한 것이'로,(『에세이 문학』, 2010. 겨울호, p. 225) '이아침'을 '이∨아침'으로 고쳐 놓기가 예사다. 이렇게 고치면 그 글은 급전직하 죽지 부러진 새로 전락해 버리는 줄을 그들이 알 턱이 없다. 반점을 아무데나 수없이 찍어서 문맥을 난도질해 버리기도 하고, 문단을 무수히 나누어서 시의 형태를 만들기도 한다. 어중이떠중이 문예지는 말할 것도 없고 한다한 종합문예지도 다르지 않다. 물론 다 그렇다는 말은 아니다. "계곡을 뼈개고 흐르는 물줄기"를 "계곡을 타고 흐르는 물줄기"로, "나는 참 나쁜 사람이다."를 "나는 참 나쁜 사람이 아닌가."로 고치기도 한다. 오리의 다리를 늘이려 하고 학의 다리를 자르려 하는 사람들이다. 이런 사람들은 하필 글의 추뉴(樞紐)만을 골라서 먹칠을 해 놓기가 예사다. 이런 짓들은 옛날의 재래식 공동변소의 낙서와 무엇이 다른가.

   어느 대학 선생이 국어사전의 틀린 곳을 지적한 적이 있지만 그분이 지적한 것 밖에도 틀린 것은 더러 있다. 이를테면, '삼성(三省)'을 "하루에 세 번씩 자신이 한 일에 대해 반성함."이라고 되어 있는 국어사전은 틀렸다. '세 번'이 아니라 '세 가지'다.(曾子曰吾日三省吾身爲人謀而不忠乎與朋友交而不信乎

傳不習乎. ─『論語』, 「學而第一章」)

석과불식(碩果不食)을 "[큰 과실은 다 먹지 않고 남긴다는 뜻으로] '자기의 욕심을 버리고 자손에게 복을 끼쳐 줌'을 이르는 말."이라고 한 국어사전의 해석도 사이비 해석이다. "[큰 과실은 먹히지 않는다는 뜻으로] 궁상반하(窮上反下)의 씨앗이 되는 이치를 상징적으로 표현한 말."이라는 정도로 설명하는 것이 핍진하다. 『주역』(周易) 박괘(剝卦)의 상구(上九)는 장차 복괘(復卦)의 초구(初九)로 반전하기 때문이다. 따라서 碩果不食에서 不食을 정자(程子)는 不見食으로, 주자(朱子)는 不及食으로, 정약용은 不爲所食으로 해석하는 등 선철의 주석은 모두 국어사전과는 달리 "먹히지 않는다."라고 피동으로 해석한 것이다.

邪(사/야) 자와 耶(야/사) 자가 통용되는 경우가 있기는 하지만, 간장막야(干將莫邪)에서의 邪를 耶로 표기한 국어사전은 틀렸다. 莫邪는 본디 사람 이름이기 때문이다. 『순자』(荀子)의 「성악편」(性惡篇)이나 『오월춘추』(吳越春秋)의 「합려내전편」(闔閭內傳篇)을 보면 모두 莫邪로 되어 있다.

欸乃聲을 애내성이라고 한 국어사전는 틀렸다. 애애성이 옳다. 乃자가 뱃노래를 뜻할 때는 '애'로 발음해야 하기 때문이다.

5. 천리마는 천리마다

비평은 어떠한가. 이원성은 「졸렬한 문장의 수필들」에서, "나무·풀·새·벌레·야생 동물을 모두 '미물'이라 했는데, 미물의 뜻은 ①변변하지 못하고 작은 물건, ②썩 자질구레한 벌레란 뜻인데, 나무·풀·야생 동물들을 미물이라 하는 것은 당치도 않다. 이는 스스로의 무지를 드러낸 것이라 하겠다."라고 했다.(『한국수필가』, 2005, 여름호) 풀이나 나무를 미물이랄 수 없다는 말은 틀리지 않았으나, '①변변하지 못하고 작은 물건'을 미물이라 했는데 그렇다면 몽당연필이나 닳은 지우개 이 빠진 그릇 같은 것도 미물이란 말인가? '②썩 자질구레한 벌레'를 미물이라 했는데 그렇다면 새나 짐승은 미물이 아니란 말인가? ①과 ②가 모두 틀렸다. 미물은 반드시 '생명 있는 동물'이라야 한다. '생명 있는 동물'이라면 짐승이나 날짐승은 물론 때에 따라서는 사람도 미물이라고 하는 경우가 있는 줄을 알지 못하면서 가마가 솥더러 검정아 했다. 가소롭게도 이런 비평을 치켜세우는 것이 현재의 우리 수필문단의 한 수준이기도 하다.

한상렬은 「고뇌하는 존재의 상상력」에서, "혹시 옛 사람의 말을 좇아 담장(淡粧)한 미녀에 비기지 말게나. 세속 밖의 가인(世外佳人)이라던데 분을 칠한다고 되겠나?"라는 문장은 '세외가인'을 회피하지 않았는데 도리어,

"화자는 흔히 말하는 '세외가인'이라는 상투적인 찬사를 굳이 피하고 있다."라고 얼토당토않은 소리를 했다.(『한국수필가』, 2005, 겨울호)

"…(전략)…그 옛날, 솔개에 채여 가던 가여운 우리 집 병아리들을 나는 여태껏 잊을 수가 없다. 병아리를 품고 한사코 솔개에 항거하다가 눈알이 뽑힌 어미닭을 떠올리면 나는 아직도 가슴이 아파 견딜 수가 없다. 솔개도 닭도 우리는 다 겪어 봐서 안다. 청학 백학이 구고(九皐)에서 울고 떼를 지어 훨훨 창공을 날았으면 좋겠다. 창공 드높이, 청학 백학이 가끔 무리지어 싸운다면 그것 또한 장관일 게다."라고 한 문장을 두고 평자 이병용이 「수필의 맛과 멋」이란 글에서 이르길, " '박수병의 청학 백학은……'는 최근 우리의 정치 상황이 '상생의 정치'에서 이탈하고 있음을 경계하면서, '병아리를 품고 한사코 솔개에 항거하다가 눈알이 뽑힌 어미닭'의 역할을 해결책으로 제시하고 있다."라고 한 걸 보고 나는 박장대소를 했다.(『月刊文學』, 2004, 9월호)

한상렬의 데면데면함이나, '朴籌丙'을 '박수병'으로 두 번씩이나 잘못 쓰고,(籌를 틀리게 쓰는 까닭은 壽를 바르게 못 쓰기 때문이다. 문인이 '목숨 수' 자도 못 쓴대서야!) '병아리를 품고 한사코 솔개에 항거하다가 눈알이 뽑힌 어미닭'을 해결책으로 제시했다고 함으로써 학을 닭이라고 말한 이병용의 무례와 생트

집은 내가 세상에 문명을 들날리지 못했기 때문일까? 문단에 어떤 세력도 부식(扶植)하지 못했기 때문일까?

강돈묵은, "지나치게 옛 문헌에 의존한 나머지 자신의 말이 빈약하다. 많은 자료를 담아 놓아 보기에는 풍성한데, 무슨 요리인지 알 수가 없다.…(중략)… 작가의 것에 조미료로만 사용하는 것이 좋을 것이다. 선현들의 생각에 내 생각과 해석이 조미료가 된다면 지혜로운 수필쓰기라고 하기에는 어렵지 않을까 한다."고 했다.(『月刊文學』,「수필의 글감 사냥과 요리」, 2008, 1월호)

강돈묵의 위의 말들은 한마디로 덮으면 바보 돌 깨는 소리다. 강돈묵이 쓴 위의 비평문에서 문제가 된 수필「漢江風雲」은 길이가 200자 원고지 21.9 매인데 작가의 말이 18.0 매이고 이른바 선현의 말은 네 사람을 합쳐서 3.9 매에 지나지 않는다. 18.0 매가 3.9 매의 조미료라고 했다. 18.0 매나 되는 작가의 도광(韜光)의 언어들을 빈약하다고 하고 3.9 매에 불과한 절제된 인용을 지나치게 옛 문헌에 의존했다 했다. 자신의 말이 빈약하다고 하는 그 말이야말로 강돈묵 자신의 지적 빈약을 드러낸 말인 줄 그는 모른다. 모르는 것이 뭐 자랑인가? 무슨 요리인지 알 수가 없으면 평을 하지 말든지 알 수 있도록 공부를 더 한 뒤에 평을 하든지 그

랬어야 옳았다. "문인상경 자고이연"(文人相輕 自古而然—魏, 文帝)이라지만, 작가를 무시하고 모독하고 독자를 우롱하는 이 따위 논평을 대하면 수필 문단에도 비평이 있느냐고 자문하게 된다.

만사 만물이 그러하듯 글 또한 유변소적(唯變所適)이랄까, 오직 변화하는 곳으로 좇는다. 글에서 변화하는 곳이란 어딘가? 과거와 미래에 이어져 있는 것이 인간의 삶이듯이 의고(擬古)와 창신(創新) 곧 전통의 계승에서 새로움을 추구하는 곳일 거다. 도사득금(淘砂得金), 모래를 일어서 금을 얻을 일이요, 점철성금(點鐵成金), 쇠를 다루어서 황금을 이룰 일이다. 또 온고이지신(溫故而知新)이라야 한다. 여기서 '溫'(온)이라 함은 식은 밥을 버리지 않고 먹긴 먹되 데워서 먹는다는 뜻인 줄 아는 사람이 드물다.

「漢江風雲」이라는 이 글은 온고이지신이고자 한 글이다. 아름다움을 안으로 머금고 밖으로 드러내지 않는 '含章'(함장)이고자 한 글이다. 단순히 선현의 언어를 소개하고 설명한 것이 아니라 한 귀퉁이를 들어서 세 귀퉁이가 반응하도록 했다."(擧一隅不以三隅反則不復也—「論語」「述而」) 절제된 언어로 응축된 철학, 그 행간을 강돈묵은 읽지 못했다. 줄 바깥의 소리를 듣지 못하는 자가 어찌 거문고를 안다 하랴! 유마(維摩)의 일묵(一默)이 만뢰(萬籟)와도 같다는 말 들어 보지도 못했나?

수필의 비평은 공평하지 못하다. 무문곡필(舞文曲筆)이다. 문단에 힘깨나 쓰는 사람의 글에 대해선 굽실굽실하다가도 한사의 천의무봉(天衣無縫)에는 먹칠을 한다. 평자의 안목이 없다. 해(亥)와 시(豕)도 분별할 줄 모르는 자가 자건(子建)의 솜씨를 나무란다. 말을 잘 아는 사람이 천리마를 보고 천리마라 해도 천리마는 천리마이고, 말을 잘 모르는 사람이 천리마를 보고 천리마가 아니라고 해도 천리마는 천리마다.

비속한 대중들 틈에서 인기를 얻는 사람, 이른바 향원(鄕原〈愿〉)은 덕의 도둑이라 했다.(鄕原德之賊也,『論語』「陽貨」) 대중이 미워하는 것도 반드시 살펴볼 것이며 대중이 좋아하는 것도 반드시 살펴볼 것이라고도 했다.(衆惡之必察焉衆好之必察焉) 향원의 죄를 묻는 논객이 문단에 있는가? 수필문단에 형안독수(炯眼毒手)의 정론(正論)을 나는 아직 보지 못했다.

6. 사이비 철학

비평이 철학 타령일 때도 있다. 철학 용어만을 쓴다고 해서 글이 철학성을 띠게 되는 건 아니라는 걸 모르진 않을 텐데, 남의 글에 철학 타령하길 좋아하는 사람 치고 철학 용어를 남발하지 않는 자는 드물다. 자신의 같은 글에서 아카데메이아(Akadēmeia, Academy(Plato's))의 학인이 되기도 하고 리케이온(Lykeion, Lyceum(of Aristotle))의 학도가 되기도 한다. 철학을 전공하지 않은 사람이 철학을 전공한 사람보다 철학 용어를 더 자주 쓰는 것 같다. 가장 많이 쓰이는 용어는 실존(existence/Existenz)이라는 말인 것 같은데, 본질(essence/Wesen)이라고 해야 할 경우에 실존이란 말을 쓰기도 하고, 실존이라고 해야 할 경우에 본질이라고 하는 걸 보면 실존철학에 대한 깊은 이해는 고사하고 본질과 실존은 서로 반대가 되는 말이란 것조차도 모르는 모양이다. 이런 철학이야 소가 다 웃겠다.

철학 용어나 철학자의 말을 인용하는 것은 사유의 깊이를 드러내게 마련이다. 이를테면, "어떤 철학자는 '생각함으로써 나는 존재한다.'고 선언하였다. 그렇다면 모과나무와 비둘기와 꿩은 생각이 없기 때문에 무존재가 되는 것일까?"라고 한 김시헌의 말이 그렇다.(『계간 隨筆』「無知」, 창간호, 서울:수필문우회, 1995)

"나는 사유한다. 그러므로 나는 존재한다."는 데카르트의 양언(揚言)은 직접적이고 직관적인 인식을 말하는 것이지, "모든 사유하는 자는 존재한다." "나는 사유한다." "그러므로 나는 존재한다."라는 삼단논법이 아니다. 우리들은 일체의 것을 의심할 수 있으나 우리들이 의심한다는 사실, 우리들이 사유하면서 존재한다는 것만은 의심할 수 없다는, 사유하는 존재의 확실성을 두고 그렇게 멋스럽게 표현한 것에 지나지 않는다. 데카르트의 이 말은, 이를테면 "나는 그녀를 사랑한다. 고로 나는 존재한다."라는 말은 그녀를 사랑하지 않으면 나는 무존재가 된다는 뜻이 아닌 것과 같은 이치의 말이다. 사람은 생각이 있기 때문에 존재하고 모과나무와 비둘기와 꿩은 생각이 없기 때문에 무존재가 되는 거냐고 한 김시헌의 주장은 누구보다도 수필에 철학을 강조하는 사람의 말이라고는 믿어지지가 않는다.

물론 글에 철학이 있어야 한다고 하는 말에서 철학이란 데카르트와 같은 철학자의 철학을 뜻하는 것이 아니라 '사상'을 일컫는 말이란 걸 내가 모르는 바는 아니나 그래도 그렇지, 굳이 철학자의 철학에 대해 말을 하려거든 뭘 좀 제대로 알고 말을 해야 툭하면 철학을 입에 담는 사람으로서 체면이 서지 않겠나? 김시헌의 이 글이 실린 그 잡지는 철학하는 김태길 박사가 발행인이었으니 그가 김시헌의 이 글을 읽고 그 오류를 알아차리지 못했을까?

잘 알지도 못하면서 불교 용어를 떠들어 대는 사람이 한둘이 아니다. 앞서 말한, 하나의 미진(微塵) 속에 시방세계가 들어 있다고 말하는 「법성게」처럼 호호탕탕한 것이 불교란 걸 그들이 알고나 그러는지 모르겠다.

여기서 미진을 그냥 '작은 티끌'인 줄로만 아는 주제에 온갖 불교의 문자에 얽매여 거기에서 깨달음을 이루려 한다면 사문(沙門)이든 아니든 공부를 제대로 했다고는 할 수 없다. 불학의 표현을 빌린다면 한낱 '송장을 짊어지고 돌아다니는'(祇管傍家負死屍行) 사람에 지나지 않는다. 아마도 그들은 염라대왕한테 치러야 할 짚신 값(草鞋錢)이 꽤나 많을 것이다.

미진이란 불교 용어로서 외색진(外色塵)이라고도 하거니와 지금 우리가 말하는 전자, 핵자,(核子:원자핵을 구성하고 있는 '양자와 중성자'의 통칭.) 원자 같은 것을 일컫는 것이니 "하나의 미진 속에 시방세계가 함유되어 있다."라는 「법성게」의 말은 과학이 입증한 셈이다. 하지만 얼른 들으면 불교는 이처럼 호호막막하기 그지없어 보여서 빗나가는 소리를 조금 지껄여도 홍로일점설(紅爐一點雪)일 뿐이다. 알아볼 사람이 많지 않다. 법률전문가가 아닌 사람이 법률 용어를 쓰면 당장 밑천이 드러나는 것과는 매우 다르다. 따라서 별로 공부를 하지 않은 사람이라 하더라도 그다지 전문적이 아닌 불교 용어 몇 마디만 섞어 놓으면 꽤 유식해 보인다. 이것이 수필 쓰는 사람들 가운데 불자 또는 불교 철학자가 많아 보이는 주된 원인인 것 같다.

철학 타령하길 좋아하는 사람들의 염불 같은 소리를 가만히 듣고 있으면 정신이 어지럽다. 물(物)과 아(我), 영원과 수유, 유위와 무위, 그림과 여백, 삶과 죽음이 둘이 아니라는 어투다. 많이 들어 본 알쏭달쏭한 소리가 원효(元曉)의 화쟁(和諍) 논리까지 터득한 사람으로 보인다. 생하는 일도 멸하는 일도 없고, 끊어지는 일도 영속하는 일도 없고, 같지도 않고 다르지도 않고, 오는 일도 가는 일도 없는, 일체의 대립을 초월한 경지라고나 할, 소위 공(空)을 깨친 사람들인 듯도 싶다. 해공(解空)의 선사들. 공도 또한 공하다고 하는 필경불가득공(畢竟不可得空)까지도 효득했으렷다. 이 세상에 나온 것도 떠나는 것도 다 업보연기(業報緣起)일 뿐이니 즐거워할 것도 슬퍼할 것도 없이 때를 따라 편안하다고 떠벌린다. 반은 부처가 된 사람 같다. 이러한 경지를 해탈이라 해야 할지, 도통이라 해야 할지, 칠원리(漆園吏)의 이른바 현해(縣解)라고 해야 할지, 차라리 프리드리히 니체가 타기해 마지않았던 '천박한 박식'이라고 해야 할지, 아니면 한낱 딜레탕트의 흰소리라고나 해야 할지……. 허무를 떠벌리든 적멸을 들먹이든 무슨 소릴 하든 할말만 하고 얼른 물러나면 누가 뭐랄까? 현란한 문체로 글치레를 하거나 비 맞은 중이 담 모퉁이를 돌아가며 주절대듯 하니 짜증이 난다.

7. 나는 돌아앉아 거문고 줄이나 고르리

짜증이 나긴 해도 혼자 주절댈 때에는 그런대로 멀쩡하던 것이 조직화가 되면 어떠한 사상도 나빠지게 되는 모양이다. 문단의 사이비 또한 거의가 '패거리주의'에서 나왔다. 패거리를 지으니 타락하는가, 타락하기 위해 패거리를 짓는가. 수필 문단의 교초(翹楚) 행세를 하려는 것이 그들의 내심이다. 종사병(宗師病)에 걸린 사람들이다. 그들은 '신인추천'을 남발하여 패거리의 두목이 되고, 필문(蓽門)이 주문(朱門)이 되고, 모장(毛嬙)과 여희(麗姬)를 좌우에 두고, 별의별 요사스러운 짓거리를 한다. 이런 모리배의 독미(纛尾)에 들끓는 발밭은 무리들의 교언(巧言)과 영색(令色)과 주공(足恭)을 보게나. 알랑방귀를 잘 뀌거나 분 냄새를 살살 풍기거나 하리놀거나 해서 문학상을 타기도 한다. "작은 산이 큰 산을 가리니, 멀고 가까운 땅이 같지 않음이네."(小山蔽大山 遠近地不同)라는 이 시는 정약용이 일곱 살 때 지었다고 한다. 작은 산이 큰 산을 가리게 하여 상을 탄 사람이나 그런 상을 준 사람의 책은 손에 닿자마자 거열에 처한다. 그럴 때면 흡사 바퀴벌레를 손으로 때려잡은 기분이 들어서 정말이지 그때마다 나는 비누로 손을 씻고는 한다.

수필계는 지금 춘추전국시대다. 제 소리 들어 보라고 야단법석을 떤

다. 수필의 시대가 온다고 우 몰려 돌아다닌다. 독자가 시와 소설보다 수필을 선호하는 시대를 수필의 시대라고 한다면 그런 시대가 올는지는 모른다. 그러나 한음(翰音)을 보았겠지. 날갯짓 소리 하늘에 오르나 몸은 따르지 못하는 닭의 허장성세(虛張聲勢), 외화내빈(外華內貧)을 보았겠지. 성문과정(聲聞過情)이로다. 시와 소설을 압도하는 수필이 나오지 않는다면 수필의 시대는 한낱 닭일 뿐이다. 닭이 한 만 마리쯤 모인다면 그 소리 크기는 천둥소리만 할지는 모르지만 천둥소리는 아니다. 팔공산 꼭대기에 초라니패, 각설이패들이 들꾀어 고샅소리며 장타령을 한다 해도 베토벤의 「합창(교향곡 9번)」이 될 수는 없는 법이다. "거문고 소리 맑으면 학이 저절로 춤추고, 꽃이 웃으면 새가 응당 노래한다."(琴淸鶴自舞 花笑鳥當歌) 나는 돌아앉아 거문고 줄이나 고르리.

    수필계는 지금 백가쟁명이다. 방귀깨나 뀌는 사람이라면 수필 이론서 하나쯤은 내놓았다. "천하는 같은 곳으로 돌아가면서 길만 다르고 하나로 합치면서 백 가지로 생각하니 천하는 무엇을 생각하고 무엇을 걱정하는가."(天下同歸而殊塗一致而百慮天下何思何慮)라는 공자님 말씀을, 수필을 두고도 생각하게 한다.

    오늘날 우리의 수필이 대체로, 그 품격은 고아(古雅)하지 못하고 그 정취는 창윤(蒼潤)하지 못하고 그 기상은 청고(淸高)하지 못하고 그 문장은 문채가 나지 않고 그 하는 말은 굽은 듯 적중하게 할 줄 모르고 그 주제는 벌인 듯 은미(隱微)하게 할 줄 모르는 까닭은, 수필 이론이 없어서가 아니라 수필 밖의 공부가 깊지 않기 때문이다. 비는 늘 비 아닌 데서 오는 법이다. 수필을 잘 쓰려면 이론서 같은 것을 쓸 생각은 하지 말 일이다. 수필 이론서를 쓰고 나더니 남의 흠만 잘 보고 정작 글은 이전보다 못 쓰게 되는 사람이 널려 있다. 젠체하는 교만이 글이 나올 구멍을 막아 버린 거다.

8. 현학적이란 말은

비평을 한답시고 자신의 눈높이에 맞지 않거나 표현이나 내용이 어려우면 '현학적'이라고 몰아세우기도 한다. 이것은 비평이 아니라 위장된 야유요, 오활한 둔사(遁辭)다. 그 야유와 둔사는 선의가 아니다. 검정빛이다. 솥뚜껑으로 자라 잡기 식이다.

'현학적'이라는 말은 표현이나 내용이 난해하다는 뜻이 아니라 "학문이나 지식을 뽐내는 (것)"이라는 뜻이다. 어려운 글을 현학적이라고 하려면 어려운 글이 동시에 뽐내려 한 글이라야 하는데 그런 경우도 없진 않겠지만 모두가 그럴까? 또 어렵다는 것은 상대적이어서 초등학교 생도의 눈에는 거의가 현학적인 글로 보일 거다. 현학적이라는 말로 남의 글을 탈잡는 사람 치고 현학적이라는 말의 뜻을 제대로 아는 자 나는 아직 보지 못했다. 어떤 말이 '현학적인 말'인가는 딱 정해져 있는 것이 아니다. 같은 말을 해도 학문이나 지식을 뽐내는 것으로 보이면 현학적인 것이 되고 그렇지 않으면 현학적인 것이 아니기 때문이다. 표도르 도스토예프스키의 『악령』을 두고 표현이든 내용이든 난해하다고는 해도 현학적이라고는 하지 않는다. 같은 말을 해도 문단에 힘깨나 쓰는 문학 정치쟁이나 대학 선생이 하면 철학이 되고, 문단에 세력이 없는 사람이거나 교사, 시간강사 같은 사람이 하면 현학이 되기도 한다.

9. 수필이 쉬워야 한다는 말은

시나 소설은 난해해도 좋고 수필은 난해하면 아니 되는가? 그런 식으로 말하는 사람도 있다. 황송문의 「수필을 어떻게 쓸 것인가」에서, "수필 독자들은 시나 소설처럼 어떤 심오한 철리(哲理)라든지, 가스똥 바슐라가 말한 바 있는 '순간의 형이상학' 같은 것을 원치 않는다. 그저 길 가는 나그네가 느티나무 그늘에서 잠시 쉬어 가는 기분으로 그렇게 읽는 것이 수필이다."라는 주장이 그렇다.(黃松文, 『수필창작법』, 서울:국학자료원, 1999) 이 주장은 결국, 독자가 원하는 글을 써야 한다는 말인데 독자의 취향이란 것이 천차만별임을 알고나 하는 소린지 모르겠다. 수필이 시나 소설처럼 심오한 철리를 수용하면 왜 아니 되는가? 수필이 문학이기 위해선 철학이어야 한다고 믿는다. 그 연장은 필연적으로 형이상학에 닿는다.

피천득이 그의 「수필」이란 글에서, "수필은…(중략)…심오한 지성을 내포한 문학이 아니요, 그저 수필가가 쓴 단순한 글이다.…(중략)…수필은 흥미는 주지마는 읽는 사람을 흥분시키지는 아니한다."라고 했다.(皮千得, 『수필』, 서울:汎友社, 1976) 이 말은 심오한 지성을 내포한 글은 수필이 아니며 수필가는 지성이 심오하지 않아야 하고 사람을 흥분시키는 글은 수필이 아니라는 소리로 들리는데 말이 되는 소린지 모르겠다.

대저 수필의 평이성을 표현에서 모색할 때 지양해야 할 것은 획일주의요, 내용에서 강구할 때 경계해야 할 것은 자기비하다.

수필이 평이해야 한다는 것은 누구에게나 이해되어야 한다는 말이 아니다. 표현이 쉬워야 한다는 소리지 사상까지 쉬워야 한다는 말이 아니기 때문이다. 표현이 쉬워야 한다는 말은 이를테면 바로 말해도 될 걸 멋을 부리겠다고 말을 뱅뱅 돌려서 얼른 알아듣지 못하게 한다든가, 유식하게 보이려고 자기 자신도 잘 모르는 '존재론' '형이상학' 같은 철학 용어를 겁 없이 쓴다든가, 글을 아름답게 보이게 하려고 미사여구를 늘어놓아 문맥을 어지럽힌다든가 하는 따위를 의미하는 말이지, 이를테면 절류(折柳), 청분(淸芬), 역린(逆鱗), 시참(詩讖), 상우(尙友), 우물(尤物), 무술(玄酒), 구실아치, 이아침, 길래, 굴타리먹다, 족자리, 귀때와 같은 말은 어렵거나 잘 쓰는 말이 아니니 수필에 쓰지 말아야 한다는 그런 뜻이 아니라는 걸 모르는 사람이 원로 가운데도 의외로 많다.

수필이 쉬워야 한다는 말을 오해하는 사람들 가운데는 수필에 쓰는 어투가 따로 정해져 있는 양 말하는 사람도 있다. 이를테면 '다음과 같다' '불구하고' '그러므로' 같은 말은 수필에 써서는 안 된다는 식이다. 글을 사십 년 이상이나 썼다는 사람이 이 지경이다. 논리는 글의 골격이란 걸 안다면 이런 말을 못할 거다.

모든 사람이 다 이해할 수 있는 글이란 평이한 것이 아니라 무가치하다. 남을 속속들이 이해할 수 없듯이 남의 글을 다 이해할 수 없는 건 당연한 이치다.

10. 음식 타령

　신문 잡지 영화 라디오 텔레비전 등 매스컴에서 만사를 음식에 빗대어 떠드는 것은 차치하고라도, 「수필의 맛과 멋」이라는 이병용의 글에서처럼, "「수필의 글감 사냥과 요리」" "무슨 요리인지 알 수가 없다." "작가의 글에 조미료로만 사용하는 것이 좋을 것이다.…(중략)… 내 생각과 해석이 조미료가 된다면…(하략)…."이라고 한 강돈묵의 비평문에서처럼 글에서도 툭하면 음식 타령이다. 설마 아귀(餓鬼)가 들린 건 아닐 텐데 천박하게도 수필을 가지고도 음식의 맛에 빗대어 떠드는 사람들이 요즘 들어 부쩍 늘어났다. 누군가 한 번, 수필의 맛이니 멋이니 하고 나니 너도나도 덩달아 야단이다. 하기야 먹자 타령이 예로부터 없었던 건 아니다. 우리나라의 정체(政體)가 뭐냐고 물으면 자유민주주의가 아니라 '먹자주의(뇌물)'라고 답해야 옳다는 풍자가 내가 고등학교에 다니던 자유당 정권 때부터 학생들 사이에까지도 연애 소문처럼 번졌다.

11. 학력 콤플렉스

　정봉구는 「박연구(朴演求)의 인간과 문학」이란 글에서 박연구를 치켜세우길, "그는 책 한 권의 저작을 위해서 읽은 책들의 분량을 가지고 대학 졸업 몇 개 폭의 박학과 문학 지식을 과시한 바 있다. 과연이다."라고 치켜세웠다.(『隨筆公苑』, 1987, 봄호) 나는 박연구의 이런 글이 있는 줄도 모르지만, 박연구의 이 말은 학력 콤플렉스로 들릴 수도 있을 것 같고 한편으로는 대학 문전에 어정거렸을 뿐 공부를 제대로 하지 않은 나 같은 사람을 부끄럽게 만들기도 한다.

대학 졸업 몇 개 폭의 박학과 지식을 작가 자신이 과시하지 않더라도 감자를 캐 보면 감자를 알 수 있고 고구마를 캐 보면 고구마를 알 수 있듯이 작가의 글을 읽어 보면 누구나 금방 알게 된다.

12. 인격자의 꾸지람

"교사는 넘쳐나고 있지만 스승은 찾아볼 수 없습니다. 지식은 넘쳐나지만 지혜가 부족합니다. 사법고시 행정고시를 거친 사람을 만나보아도 그렇습니다. 눈이 맑지 못하고, 교만하고, 덕을 느낄 수 없고, 겸손하지 못하고, 인격이 느껴지지 않습니다." 정목일의 말이다.(『月刊文學』, 2009, 4월호, pp. 289~290) 이 말을 듣고 나는 돌팔매를 맞은 것 같았다. 나 또한 행정고시(보통고시) 출신이요, 내 딸은 교사이며, 아들은 사법시험 출신이기 때문만은 아니다. 눈이 맑고 겸손하고 후덕하고 인격을 갖춘 스승이며 판사 검사 변호사가 내 주위에 매우 많기 때문이다. 정목일의 이 말은 얼른 들으면 매우 불쾌하고 새겨들으면 무슨 콤플렉스에 푹 빠져 있는 사람의 벼르고 하는 소리 같이 느껴져 쓴웃음이 절로 나온다.

"인생 경지가 좋아야 수필 경지도 좋은 법이다.…(중략)…물질만능 시대인 현대엔 인격과 마음의 연마를 통한 인생 경지를 높이려는 노력이 부족함을 지적하지 않을 수 없다. 인격에서 향기가 나야 수필에서 향기가 나는 법이다". 이 또한 정목일의 말이다.(『月刊文學』, 2009. 7월호, p. 324) 높은 곳에서 내려다보고 질러대는 소리로 들린다. 귀가 따갑다. 속이 메스껍다. 정목일은 왜 이리 부르대는가?

13. 볼기에 살이 없으면

버릴까 말까 망설여지는 책이 있다. 이럴 때는 책을 힘껏 공중으로 집어던진다. 자빠지면 버린다. 엎어진 것은 부끄러운 줄이나 아는 것 같아서 잠시 그냥 두는 것이다.

자빠지는 책이듯 척하는 글이 있다. "낙목한천의 이끼 마른 수석(瘦石)의 묘경(妙境)을 모르고서는 동양의 진수를 얻었달 수가 없다." 이것은 조지훈의 말이다.(趙芝薰, 『東問西答』, 「돌의 美學」, 서울:범우사, 1978) "이러한 순간을 느끼지 못한다면 그는 동양의 진수를 안다고 할 수 없으리라." "여기서 발길을 돌려 그냥 되돌아간다면 그는 무궁한 산정(山情)의 애무를 아는 사람이라 할 수 없으리라." 이것들은 김규련의 말이다.(앞의 말―金奎鍊,「강마을」,「개구리 소리」, 서울:범우사, 1982 /金奎鍊,「귀로의 사색」,「개구리 소리」, 대구: 도서출판 그루, 2003 /金奎鍊,「즐거운 소음」,「개구리 소리」, 서울: 좋은수필사, 2007 // 뒤의 말―金奎鍊,「귀로의 사색」,「거룩한 본능」, 대구: 도서출판 그루, 2003 /金奎鍊,「즐거운 소음」,「거룩한 본능」, 서울:좋은수필사, 2007)

위에서 김규련의 어투는 조지훈의 어투를 빼 닮아서 만약 구양수(歐陽修)의 눈으로 본다면 "어디서 얻어 왔느냐?"(何處得來)라고 물을 만하다 할 수 있겠다. 조지훈의 글은 오만해도 밉질 않고 탄력이 있지만 김규련의 글은 척하는 티가 눈에 거슬리고 탄력이 없다. 전자는 생화요, 후자는 가화이기 때문이 아닐까.

대저 척하는 것이 근본이 없어서 그런 사람이 있다면 그의 글은 맹자의 말마따나 오뉴월 소낙비와 같다. 크고 작은 도랑들이 다 차지만 그 물이 말라 버리는 것은 서서 기다릴 수가 있다. 이런 걸 두고 유협은 "볼기에 살이 없으면 그 걸음걸이가 머뭇거린다."(臀无膚其行次且:「周易」, 火卦)라는 말로 통쾌하게 비꼬았다.(劉勰,「文心雕龍」,「附會」)

"어디서 얻어 왔느냐?"고 물을 만한 경우는 옛 사람의 시문이라고 해서 다르지 않다. 이를테면 도연명(陶淵明)의 「음주」(飮酒, 일명 雜詩)라는 시에서 "此間有眞意, 欲辯已忘言"(이 사이에 참된 뜻이 있지만 말하려 하니 이미 말을 잊었다.)이라는 결구가 얼른 보면 사람을 놀라게 하지만 이 글귀는, 『남화경』의 "得意而忘言"을 시격(詩格)에 맞게 풀어 쓴 것에 지나지 않는다. 요즘 같으면 표절의 논란마저 있을 수 있겠지만 옛날에는 이런 것이 용인되었을 뿐만 아니라 도연명이 살았던 그 시대는 현학(玄學)이 시대의 풍조였음을 상기할 일이다.

14. 말을 주름잡으면

글은 마땅히 주름잡을 일이다. 글을 주름잡는다는 말은 이를테면 두 줄에 담을 내용을 한 줄에 담는다는 뜻이다. 아니다. 두 줄의 내용을 한 줄이 되게 덜어내는 것이다. 내용을 사진처럼 줄일 것이 아니라 그림처럼 덜 그려야 한다. 주름잡는 것은 생략이 아니다. 생략은 생략한 부분이 빈 채로 있지만 주름잡은 글은 치마 주름처럼 주름잡은 걸 펴면 오롯하다. 말을 주름잡으면 문장은 템포가 빨라질 수밖에 없다. 이것이 함축이다. 함축은 여향(餘香)의 어머니. 여향이 꽃의 품격을 말한다면 에밀레종이 에밀레종인 것은 여운(餘韻) 때문이다. 한갓 꽃이며 쇠북 같은 것이 이러하거늘 하물며 글이며 하물며 인간이겠는가.

 접장들이나 종교인 특히 승려들의 글이 거의가 여향(餘響)이 없는 것은 함축이 없기 때문이다. 그 대표적인 경우가 법정 화상의 글이다. 명작으로 꼽히는 「무소유」를 비롯해서 십여 권이 넘는 그의 글은 거의가 높은 데서 내려다보고 하는 설교일 뿐이다. 잘 풀어 쓴 경전이라고나 할까. 문학이 아니다. 문학은 설명이 아니기 때문이다. 설명이 아니란 말은 주제를 말하지 말라는 뜻이지 내용을 설명하지 말라는 뜻은 아니다. 과일은 보이나 양분은 보이지 않는다. 문장은 보이나 주제 곧 중심 사상은 드러나지 않아야 한다. 양분이 과일 속에 숨어 있듯 사상은 문장 속에 감춰야 한다.

 함축이 없는 것은 말을 주름잡을 줄 모르기 때문이다. 주름잡기는커녕 더 부연하고 누굴 가르치려 드는 것은 그들의 직업적 습성에서 말미암은 것이다. 그들의 글이 흔히 요설이 되고 템포가 느리고 주제넘거나 교만한 것은 이 습성 때문이다. 강의나 잔소리나 설법은 말을 주름잡지 말아야 효과가 더 좋을는지 모르지만 수필의 독자는 수강생도 아니요, 신도도 아니다. 요설과 강의는 독자를 지루하게 하거나 메스껍게 만든다.

 요설과 강의는, 고도로 압축된 선사의 게송에서도 발견할 수 있다. 이를테면 의상대사의 「법성게」에서 "하나의 미진 속에 시방세계가 함유되어 있고 일체의 티끌 속이 또한 이와 같다."(一微塵中含十方 一切塵中亦如是)라고 한 말에서 '일체의 티끌 속이 또한 이와 같다.'라는 말은 있으나 마나 한 말이다. 췌사다. 하나의 미진의 속성은 당연히 일체 미진의 속성이기 때문이다.

말을 주름잡은 수필에는 시정이 감돈다. 작가의 언어를 벼리로 하고 독자로 하여금 그물을 엮게 하라.

15. 따라오게 할 수는 있어도 알게 할 수는 없다

『논어』「태백」(泰伯)의 "民可使由之 不可使知之"를 이항녕(李恒寧) 박사는 그의 『法哲學槪論』에서, "백성은 따라오게 할 수는 있어도 알게 할 수는 없다."라는 취지로 읽었다. "백성은 따라오게 할 것이요, 알게 할 것이 아니다."라는 종전의 sollen에서 sein으로 전도시킨 거다. 탁견이다. 백성뿐인가, 친구도 사랑도 그렇다. 친구도 사랑도 좋아서 하는 거지 다 알아서 하는 것이 아니다. 글 또한 따라오게 할 수는 있어도 다 알게 할 수는 없다. "文可使由之 不可使知之"라고나 할까.

16. 무언처(無言處)

글로써 말을 다하는 글이 없고 말로써 뜻을 다하는 말이 없다. 뜻이란 작가의 사상 곧 철학이다.

뜻은 형상의 앞에 있다. 특정한 꽃이 피기 전에 아름다움이라는 뜻이 먼저 있다. 꽃만 말하고 아름다움은 말하지 말라. 꽃이 피면 아름다움은 저절로 부쳐진다. 나무를 심기 전에 새가 먼저 있다. 나무만 말하고 새는 들먹이지 말라. 나무를 심어 놓으면 새는 저절로 찾아든다. 그런 뜻에서 글의 진경은 말하지 않는 곳 즉 '무언처'(無言處)에 있다고 말할 수 있겠다. 무언처로 하여금 말을 하게 할 줄 모르는 사람과는, 무언처가 하는 말을 들을 줄 모르는 사람과는 더불어 글을 논하지 말라.